知识生产的原创基地
BASE FOR ORIGINAL CREATIVE CONTENT

颉腾商业
JIE TENG BUSINESS

Men, Machines, and Modern Times

人，机器与社会

［50周年纪念版］

[美] 埃尔廷·莫里森（Elting E. Morison）著
武晞羽 译

中国广播影视出版社

图书在版编目（CIP）数据

人，机器与社会：50 周年纪念版 /（美）埃尔廷·莫里森(Elting E. Morison) 著；武晞羽译．— 北京：中国广播影视出版社，2022.5

ISBN 978-7-5043-8754-7

Ⅰ．①人… Ⅱ．①埃… ②武… Ⅲ．①技术革新—研究—世界 Ⅳ．① F113.2

中国版本图书馆 CIP 数据核字 (2022) 第 007729 号

Title: MEN, MACHINES, AND MODERN TIMES (50TH ANNIVERSARY EDITION)
By Elting E. Morison

北京市版权局著作权合同登记号 图字：01-2022-0357 号

人，机器与社会：50周年纪念版
［美］埃尔廷·莫里森 著
武晞羽 译

策　　划 颉腾文化
责任编辑 王　萱　赵之鉴
责任校对 龚　晨

出版发行 中国广播影视出版社
电　　话 010-86093580　010-86093583
社　　址 北京市西城区真武庙二条 9 号
邮　　编 100045
网　　址 www.crtp.com.cn
电子信箱 crtp8@sina.com

经　　销 全国各地新华书店
印　　刷 北京市荣盛彩色印刷有限公司

开　　本 880 毫米 ×1230 毫米　1/32
字　　数 157（千）字
印　　张 8.25
版　　次 2022 年 5 月第 1 版　2022 年 5 月第 1 次印刷

书　　号 ISBN 978-7-5043-8754-7
定　　价 59.00 元

创新的文化羁绊

创新是一项非常复杂的事情，抛开物质层面的硬性支撑要素不谈，仅就观念层面而言，还有如下几方面因素在影响一个国家的创新之实现。首先，对传统的高度认同与忠诚是创新的最大隐性障碍，究其实质而言，创新就是熊彼特意义上的“创造性破坏”，这种破坏是保守主义认知模式无法接受的。其次，官僚主义的繁文缛节是用合法的手段按部就班地拖死创新的最大推手，任何好想法在层层过关中，被一次次修正，最后所有具有突破性的新颖内容都被削去，创新就这样在逐级通关中死去。最后，以往的成功所形成的经验主义模式给先入者带来深度的路径依赖，以至于成为一种不自觉的习惯，走老路省心省力，毕竟追求确定性与安全感是人类普遍偏好的一种成本最低的认知模式；而创新带来的不确定性与不安全感是令人厌恶的，那些具有新思想的后入者往往被认为是秩序的破坏者与异端，很难被社会接受，从而导致创新之路异常艰难，甚至成为时人的笑话以及后世的遗憾。

上述这些想法都是我在过去 15 年里思索创新本质时的一些直觉判断，可惜一直缺少硬核的实证性证据的支撑。幸运的是，最近看了美国科技史家埃尔廷·莫里森的《人，机器与社会：50 周年纪念版》（以下简称《人，机器与社会》）一书，莫里森用深耕多年的几个技术史案例，很好地回答了我多年的困惑，如美国海军 1900 至 1902 年引入的连续瞄准射击系统，以非常规方式被采纳；1867 年服役的“万帕诺亚格”号战列舰所展现的创新成功但接受失败的现象，以及美国在 19 世纪 60 年代引入欧洲的贝塞麦的氧气顶吹转炉炼钢的发展史等。作者对这些案例的挖掘相当细致与深入，创新发生的脉络在手术刀般的文字下被逐渐剥离出来，那里有鲜活的人物，特定的环境氛围，技术推进遇到的困境以及制度、文化等因素在这个过程中的作用。跟随他的流畅文字和翔实史料，我们仿佛穿越到那个历史现场，以身临其境的视角切实感受到那些创新者的理想、使命、激情与人格，也能体会到创新者在新技术开发过程中遇到的诸多阻力、无奈和那些无法言说的文化羁绊，以及一次次不屈不挠的坚持与突破。从这个意义上说，这是一本有理有据且难得一见的技术思想史领域的佳作，获得麦肯锡奖实至名归。

虽然已经出版56年了，但拿到今天来读，其中的很多观点仍极具启发性。客观地说，这是一本被时代严重忽视的非著名经典著作。

最后，关于作者莫里森教授还需多提一句，今天学术界比较热门的研究领域“科学、技术与社会”（STS），最初就是由莫里森教授于20世纪70年代在麻省理工学院（MIT）主持的同名项目而渐渐开展起来的。

李侠
上海交通大学科学史与科学文化研究院院长、教授

推荐序二 | Foreword Two

创新与守旧之间的人文思量

警告：过去半个世纪以来，参与社会活动的群体不断扩大，人们的经验不断丰富，这无疑具有重大的历史意义。2016 年的读者可能会把这种扩大和丰富看作理所当然，本书作者——埃尔廷·莫里森却不以为然。在莫里森笔下的历史世界中，底层老百姓、有色人种和女性几乎没有触及，主宰这个世界的，都是在美国商业或军事组织中任职的白人男性。因此，《人，机器与社会》这本书对 2016 年的读者来说，可能极具颠覆性。

本书伊始，莫里森就在这个白人男性主导的世界里如鱼得水。他回忆起自己大学毕业那一年是如何“前往乡下的祖宅中完成毕业论文”的，还有意无意地提到自己是在哈佛求学。随后，莫里森就向我们详细描述了乡下的那栋房子：房子是他一个身为土木工程师的叔公建的，里面摆满了他的心血之作，其中包括叔公在19世纪90年代写的一系列文章，文章装订成册，名为《新纪元》(*The New Epoch*)。莫里森随手翻阅了这些文章，发现其中阐述的理论十分骇人。他的叔公认为，人类正在拥有前所未有的制造力，这将开辟“一个毁灭的时代……无论是在物质世界还是精神世界，大毁灭在所难免，旧的建筑、旧的界限和旧的丰碑，更有甚者，人们的习俗、观念、思想体系以及教育方式，都将毁于一旦。”如果能逃过此劫，避免进入充斥着“战争、暴乱或其他动荡”的新纪元，世界将会变得更加美好，但事实似乎是，人类在劫难逃。

从第一章起，本书就渲染了这种紧张的气氛：一个作家的声音深深掩埋于科技强大的文明中，传达出文明毁灭的信号。莫里森所著，既预示未来，又批判现在。这种预示和批判，并非来自受压迫者，而是创世的力量核心，因此显得更加有力。

尽管本书名为《人，机器与社会》，但莫里森想谈的并非机器，而是创新——不是客观物质的产生，而是致使时代覆灭的瞬息万“变”。《海上交战》这一章广为援引，还附上了一个十分贴切的副标题——《创新研究的典型案例》。莫里森在创新和守旧之间反复思量。他重视技术创新以满足人类的需求和欲望，也同样强调人类社会结构的完整无缺，但这种结构正逐渐被技术创新所瓦解。

在权衡创新和守旧时，莫里森踌躇不决，矛盾不已。例如

《海上交战》这一章，最初是作者 1950 年在加州理工学院所做的讲座，旨在赞颂英雄主义：开明英勇的下级海军军官威廉·S. 西姆斯（William S. Sims）与海军部年长的军官和官僚对峙，因为这些人不愿改进军舰上老旧、低效的火炮射击方式，于是西姆斯干脆越级向总统西奥多·罗斯福（Theodore Roosevelt）汇报。令人喜出望外的是，罗斯福总统回应了西姆斯的诉求，开明的思想令他在这一轮对决中大获全胜。

13 年后，也就是 1963 年，莫里森在加州理工学院做了类似主题的系列演讲。他列举了另一个创新研究的典型案例——一种全新的风帆及蒸汽混合动力战列舰的设计方案，这艘战列舰最终被命名为“万帕诺亚格”（Wampanoag）号。莫里森试图重申他在“海上交战”中的观点——受文化束缚而抗拒变革，实在是愚蠢透顶。然而，他越看万帕诺亚格号的案例，越认同抗拒变革的逻辑：“这些（冥顽不灵的）军官声称，万帕诺亚格号在当时是一种毁天灭地的力量。”一旦这些人意识到，万帕诺亚格号发动机的力量足以碾压人类赖以生存的方式时，“他们即刻就洞悉了机器的本质，并且认识到，任何一种机器如果放任不管，它就会逐渐建立起对自己有利的条件，从而创造出适合自己的环境，再将人类引诱进来。”万帕诺亚格号战列舰只是整个“技术发明体系”的一个先驱，“这一体系已经为我们开创了一个新世界”。换句话说，那些拒绝改革的军官深知，“技术发明体系”会终结旧世界。

然而在 2016 年，创新毋庸置疑是一件好事。如果以现代人的视角，完全可以将本书看作破旧立新的操作指南。早在 2002 上半年，政治家纽特·金里奇（Newt Gingrich）就在本书的亚马逊销售页面写下在线评论，称自己也是本书的读者之一，他称赞本书是“不折不扣的、有史以来关于创新发展过程以及技术、文化、体制和人类个性发展过程的巨著之一”。金里奇还写道，任何“对转型过程或技术变革发展感兴趣的人，尤其是军事或医疗行业的从业者，都应该看看这本书”。①

但是，莫里森并非为了改进技术体系。相反，他警告道，技术发明和社会稳定之间存在着根本的不相容性。他担心这一鸿沟随着本书内容的铺陈会变得更加难以逾越。在“海上交战”一章，莫里森就推崇一种“适应性社会”，在这个社会里，人类通过自我调节去适应技术变革。到最后一章，莫里森又提出了一种“实验性社会”，这个社会通过创新来权衡和分类，非此即彼，“社会必须有所倚仗，从而掌控自身属性和发展方向”。“一些建议”中的实验性社会不必适应技术手段，但要找到其他手段来主宰自己的结局，然而莫里森就此提出的建议并不怎么适用，甚或毫无逻辑可言。在驳斥“创新有益无弊”这一观点时，莫里森无法从创新型社会里找到依据。

① “关于转型过程写得最好的书之一”：2002 年 4 月 11 日发表于亚马逊官方网站“客户评论”，查询链接为 http://www.amazon.com/Machines-Modern-Times-Elting-Morison/dp/0262630184/ref=sr_1_1?s=books&ie=UTF8&qid=1448478952&sr=1-1&keywords=morison+men+machines+and+modern+times，访问于 2016 年 1 月 29 日。

那么，当时是谁解决了这个难题呢？作为社会科学家，莫里森表现平平，而作为人文学者，他可谓得心应手，某些麻省理工学院的文学教授可能懂得其中含义。可以说，莫里森在余下的职业生涯中，一直在苦苦寻求如何通过语言阐释自己的历史见解。

在莫里森执笔写下“技术发明体系能为我们开创一个新世界”时，他为读者也为自己开启了探索之旅，探索这里所说的“世界”究竟意味着什么。它不仅是一个物质的世界，还是一个意识的世界，思维、情感、信仰都囊括其中。关于这个新世界，莫里森偏好用“环境”一词去形容，他还将该词细化为“自然环境”和“人造环境”，并认为在环境中，结构、节奏和反应“还不能很好地与人类的反应相适应”。莫里森还喜欢“氛围”一词，这种“氛围”可能是“技术上的”，也可能是“文化上的”，或多或少与“环境”一词同义。

尽管莫里森对创新的看法摇摆不定，但作为一名史学家，他无疑是一个伟大的革新者。虽然他全然错过了20世纪晚期拓展史料研究社会视角的阶段，却另辟蹊径，拓展了研究：莫里森不再拘泥于技术史中的机器研究，而是转向对人类的研究。他不再发问“这台机器是谁发明的”“这台机器怎么工作”，而是质问：“处在一个技术飞跃的时代，机器到底意味着什么？”

为撰写这一全新的历史，莫里森在形式和风格上都做了突破。作为这本巨著的作者，莫里森还专门研究了一些伟人的传记，比如西姆斯（Sims）、西奥多·罗斯福、亨利·L. 史汀生（Henry L. Stimson）。在写到自创的新环境时，他选择以个人随笔的形式叙述。本书由几篇文章构成，大部分篇幅短小，只有一篇较长，但所有文章的立场和语气都别无二致，那就是：放手一试、开创先河、尽情探索！

莫里森的文风别具一格，每个阅读莫里森作品的人，都会在某一时刻为其写作风格而倾倒，感觉是如此精雕细琢、发人深省。托马斯·P. 休斯（Thomas P. Hughes）[①] 曾这样评价道："埃尔廷·莫里森以圣经般的节律写作，力求至善至美。"[②] 用这样的风格书写技术史，改变了技术史所处的环境，将其置于精英文化中，佐以最好之物。如果文学经典也来帮助思考技术变革中最为利益攸关之事，人们也许会提出一些出乎意料的问题。莫里森引用了E. M. 福斯特（E. M. Forster）[③] 的一句评论——"唯一真实的历史是一部人类的情感史"，并提出"在计算机时代，人类情感发生了什么变化"。在这之前，根本没有人把"情感"和"计算机"联想在一起。同样地，莫里森借助卡夫卡（Kafka）和托尔斯泰（Tolstoy）的著作来阐述现代官僚制时，把计算机和文学相提并论，从而为技术经验创造出一个全新的环境，于是，一种理解技术变

---

① 托马斯·休斯（1923—2014），美国杰出技术史学家。

② 这句话出自托马斯·休斯于 1995 年 12 月 1 日在麻省理工学院博物馆发表的讲话，当时正在举行纪念埃尔廷·莫里森的晚宴。

③ 爱德华·摩根·福斯特（1879—1970），英国小说家、散文家、剧作家。

革的新方式顺势而生。

然而，本书存在一个潜在的悖论，如此激进又如此保守——实际上，正是因为它如此保守才会显得如此激进。莫里森形容自己在乡下祖宅中，好比是待在一个“世外桃源”中，小镇中有图书馆、教职工活动中心、船上的军官舱、受教育者的月度讨论小组，在这里，莫里森可以尽情地享受生活。不过，叔公的预言惊醒了莫里森，他意识到这个世界本就没有所谓的“保护罩”，甚至可能在不久后，无节制的创新就会摧毁一切。

《人，机器与社会》的开篇让我想起了加西亚·马尔克斯（García Márquez）所著的长篇小说《百年孤独》（*One Hundred Years of Solitude*），它在本书成书一年后出版。在该书的结尾，一阵飓风呼啸着吹过那座虚构的马孔多小镇，小镇中布恩迪亚家族的最后一人正在破译一份羊皮卷，上面预言了他的死亡及整座小镇的毁灭。如出一辙的是，莫里森回到乡下家中，开启了作为历史学家的生涯，在那里，他也发现了一份预言自己所钟爱的世界将要毁灭的“羊皮卷”。虽然埃尔廷·莫里森在如避风港一般的乡下家中写好了论文，但他明白，窗外风雨欲来。

罗莎琳德·威廉姆斯（Rosalind Williams）

在埃尔廷·莫里森专题研讨会上的讲话

今天下午大家齐聚一堂，缅怀我们的同事、好友——埃尔廷·莫里森，他是麻省理工学院科学、技术与社会计划的创始人和智慧导师。他的工作和生活对我们来说有何特殊意义，是本次研讨会的论题。①

在杰罗姆·威斯纳（Jerome Wiesner）担任麻省理工学院校长之前，他和当时的候任教务长——沃尔特·罗森布利斯（Walter Rosenblith）就已经商筹创建一个新的教学项目，以开展一个创新型的教育计划，在一整套课程体系——威斯纳称之为一个全新的"21世纪的课程"的基础上，培养出一类涉猎广泛的新

① 节选自1995年12月1日为纪念埃尔廷·莫里森在麻省理工学院举行的专题研讨会上的讲话。莫里森逝世于1995年4月20日。该讲话还出现在麻省理工学院科学、技术与社会系的22号工作文件中。

型科学家和工程师。像麻省理工学院的大多数学生一样，这类科学家和工程师毕业时也会掌握一身过硬的技术，但威斯纳和罗森布利斯认为，仅让学生掌握技术还远远不够。他们想要开发出一种教育模式，以参考史料的方式理解周遭复杂的社会和文化，来完善麻省理工学院在科学和工程方面的传统培养模式。

这样的抱负在 1971 年固然不是什么新鲜事，任何考察历史的人都会发现，一直以来麻省理工学院的杰出人士都有类似的抱负，这在过去和现在都是该学院沿袭最久且最热衷的梦想之一。埃尔廷也曾半开玩笑地承认了这一点，当时他称威斯纳和罗森布利斯计划的目标为“新圣地”。在两人构想这个新计划时，我们不难想象到他们的兴奋之情，也能想象到他们在广泛挑选负责人时，从喜到忧的心情变化。我想那时的他们一定陷入了痛苦的焦虑中，不是苦于没有合格的候选人，而是因为他们已经想到了负责该计划的最佳人选，但这个人在他们的眼皮底下——就在麻省理工学院——待了 20 年之后，最近竟然跑去耶鲁大学了，实在令人有徒唤奈何。

当然，后来我们都知道威斯纳和罗森布利斯的焦虑是如何缓解的：新的校领导班子里，有人上任后的第一件事就是返聘埃尔廷·莫里森作为克利安教授[①]重回麻省理工，及时接管了这个“新圣地”计划。我在讲述这些事情时（几乎是真人真事），

① 克利安教授：全称为“伊丽莎白和詹姆士·克利安教授”，该职位于 1966 年设立，旨在纪念克利安夫妇多年来为麻省理工学院所做的贡献，以及詹姆士·克利安在增进美国人文和科学方面利益所做出的杰出贡献。

有一个很重要的观点，即埃尔廷具有得天独厚的资质去接管“新圣地”计划。由于他的直系亲属来自新英格兰和中西部两个地区，作为两者的后代，埃尔廷轻而易举地继承了两方的秉性。

莫里森家族在新英格兰地区历史悠久——家族中有一个叫约翰·莫里森（John Morison）的人，早在1719年就定居在新罕布什尔州的伦敦德里市，但埃尔廷的父亲打破了莫里森家族世代生活在新英格兰的传统，或者说是扩大了家族的活动范围，他年轻时搬去了威斯康星州的密尔沃基市，埃尔廷就是在这里出生和长大的。由于身上融入了中西部文化，有时埃尔廷的行为让人困惑不解，我能以自己的亲身经历证明这一点。我第一次见埃尔廷大约是在1973年，彼时他正为新计划招聘教职工，那时我还不知道他在威斯康星州长大，还以为他是一个地道的新英格兰人，当然他身上也有许多明显的“北方佬”的特征。然而，我在知道埃尔廷的堂兄是历史学家塞缪尔·艾略特·莫里森（Samuel Eliot Morison）之后，立刻就因为两人之间的迥异而深感震惊。我曾是塞缪尔·艾略特·莫里森的学生，他很喜欢别人叫他莫里森将军。虽然我很钦佩莫里森将军身上的一些优秀品质，但他的行为举止总能让人想到冷漠傲慢的波士顿贵族（联邦大道有一座莫里森将军的雕像，他自负十足的神情被雕琢得栩栩如生）。相比之下，埃尔廷身上有一种浑然天成的幽默感和亲切感，他嗓音沙哑低沉；性格直率务实，甚至有些粗犷；用语朴实谦逊，非常接地气。他就是一个普普通通的人。当然，这种普通的又或许是中西部人的个性特点中还伴随着与生俱来的优雅。我还记得埃尔廷对煎蛋卷（必须外酥里嫩）或马提尼（必须是冰杜松子酒加一点点苦艾酒）的制法有着严格的规定。尽管如此，他看上去和自己的堂兄似乎完全来自两个不同的世界。后来，事实证明的确如此，所以我决定把一部分功劳归于威斯康星州，正是在这里，埃尔廷才得以和一群工程师自在相处。

当然，生活在威斯康星州，并不能也确实未能抹掉两个世纪沿袭下来的新英格兰人的特征。其中一个显著方面就是，埃尔廷的直系祖先里有一位牧师和一位工程师，两人分别是埃尔廷的曾祖父约翰·霍普金斯牧师（Reverend John Hopkins）和叔公乔治·沙特克·莫里森（George Shattuck Morison），《美国人名典》（*Dictionary of American Biography*）形容后者是“美国乃至世界顶尖的桥梁工程师”。对了解新英格兰文化的人来说，他们丝毫不会对莫里森家族同时涉猎技术和宗教两个行业感到意外，因为新英格兰文化带有加尔文主义的价值层次，还十分热衷于适度协调生活中的某些关系，比如手段和目的、物质层面和精神层面之间的千丝万缕。

埃尔廷出生于1910年，那一年恰逢威廉·詹姆斯（William James）[①] 逝世。提起詹姆斯对美国实用主义哲学思想的贡献

① 威廉·詹姆斯（1842—1910），哲学家、历史学家、美国心理学之父。

时，人们想到的就是他用通俗的语言重塑了某些最初用神学语言塑造的思维方式。而在埃尔廷成年时，我们今天所使用的“技术”这一概念刚好流行起来。与西格弗里德·吉迪恩（Sigfried Giedion）[①]、刘易斯·芒福德（Lewis Mumford）[②]、卡尔·波兰尼（Karl Polanyi）[③]、艾伯特·佩森·厄舍（Abbott Payson Usher）[④]和小林恩·汤森·怀特（Lynn Townsend White, Jr.）[⑤]这些同时代的远见者一样，埃尔廷也深信人们漠视了技术对现代生活的塑造。这种信念贯穿其笔端，且表述的方式别具一格——这源于新英格兰清教徒早期历史的影响。

加尔文主义文化总是鼓励人们坚定地投身实业，以获取世俗意义上的功成名就，然而该文化同时也强调非物质，或者说推崇精神目的。因此，为了理解这种神学文化是如何深深地影响埃尔廷的世界观，我们需注意到，尽管他肯定了技术创新和力量的重要性，但他始终坚持这两者不应侵蚀社会价值的金字塔顶。因为埃尔廷笃信，金字塔顶一定要坚守终极的意义和价值，而这些都指向一种理想的生活方式。

但是，埃尔廷屡次提到，这种世袭的新英格兰文化兼具两面性，而尊重这种两面性变得越发困难。1974 年，埃尔廷出

① 西格弗里德·吉迪恩（1888—1968），波西米亚裔瑞士籍历史学家、建筑评论家。

② 刘易斯·芒福德（1895—1990），美国历史学家、社会学家、技术哲学家和文学评论家。

③ 卡尔·波兰尼（1886—1964），奥匈帝国经济史学家、政治经济学家。

④ 艾伯特·佩森·厄舍（1883—1965），美国经济史学家。

⑤ 小林恩·汤森·怀特（1907—1987），美国历史学家。

版了一本著作——《从专长到一无所知》（*From Knowhow to Nowhere*），陈述了自己对美国技术发展的深思，承认在专长和一无所知之间已经出现了一条巨大到无法逾越的鸿沟。从中不难看出埃尔廷对技术创新过程中出现的细节和困难阻碍的浓厚兴味，但尽管如此，它始终都围绕着一个中心问题——如何引导创新过程产生的技术力量形式，使之向更人道、更公正的生活形式[①]的方向发展。但以上皆是我的个人观点。埃尔廷选用更简练的语言进行温和的倡议，他如此定义我们当下的困境："如何才能构建起一个适合我们生活的技术世界。"显然，没有比这更直截了当的表达方式了，但如果你深究，还是能体会到言外之意——老清教徒对割裂手段和目的的坚持。

利奥·马克斯（Leo Marx）

1995 年 12 月 1 日

① "生活形式"：奥地利哲学家路德维希·维特根斯坦去世后出版的著作《哲学研究》《论确定性》及未发表的遗作中提到的哲学术语，虽然该术语本身含混不清，却是理解维特根斯坦哲学思想的基础。

探究之旅与致谢

1950 年 2 月，我应加州理工学院人文学部主任哈利特 · 史密斯（Hallett Smith）和教务长保罗 · C. 伊顿（Paul C. Eaton）之邀，在教职工活动中心举办过几场讲座。其中一场讲述了一名军官发明了一种海上射击的新方法，从而震荡了美国海军内部。这就是本书的开篇，也是后续章节的源头，为此，我开启了本书的探究之旅。之后的几年里，我一直步履不停，直到后来我觉得收效渐微，已到了只是单调乏味地重复早期成果的地步，就把这个课题束之高阁了。

1963 年 2 月，我再次应人文学部主任和学生部部长之邀，在教职工活动中心做了三次演讲。从中我想到了也许能将自己从停滞不前里解救出来的办法，还能为我早期的探究之旅另辟蹊径。因此，我把这场演讲的部分内容编入了本书的第六章。

1966 年 2 月，我再次受二人之邀重游加州理工学院。在教职工活动中心的一个房间里，我写下了这篇序。像他们说的那样，旅程已尽；换言之，我已竭尽所能。此时此地，我正好可以感谢这个项目的两位主要推动者。二人的初次邀请，启发了我想要研究的课题，在二人的不断推动下，我得以有方法、有契机地来开展这项愉悦的研究。

当然，还要感谢其他人的倾情相助。过去 15 年来，我一直是 14 人团体中的一员，我们每月定期在某个星期五晚相会，聚餐畅聊。14 人中，有三人学过物理、三人学过历史、两人学过经济，其他人分别研究的是机械工程、化学、社会学、政治学、心理学和法律。他们中有半数以上在政府、工业或高等教育行业担任要职，因此可以说，他们都与工业社会中的智力思维和实际运行密不可分。通常情况下，星期五的夜间谈话都围绕本书所涉及的话题展开，但本书并非谈话内容的直观反映。可倘若我不认识他们，这本书就会完全不同，甚至不复存在。

埃尔廷 · E. 莫里森

加州理工学院

1966 年 2 月

Contents | 目录

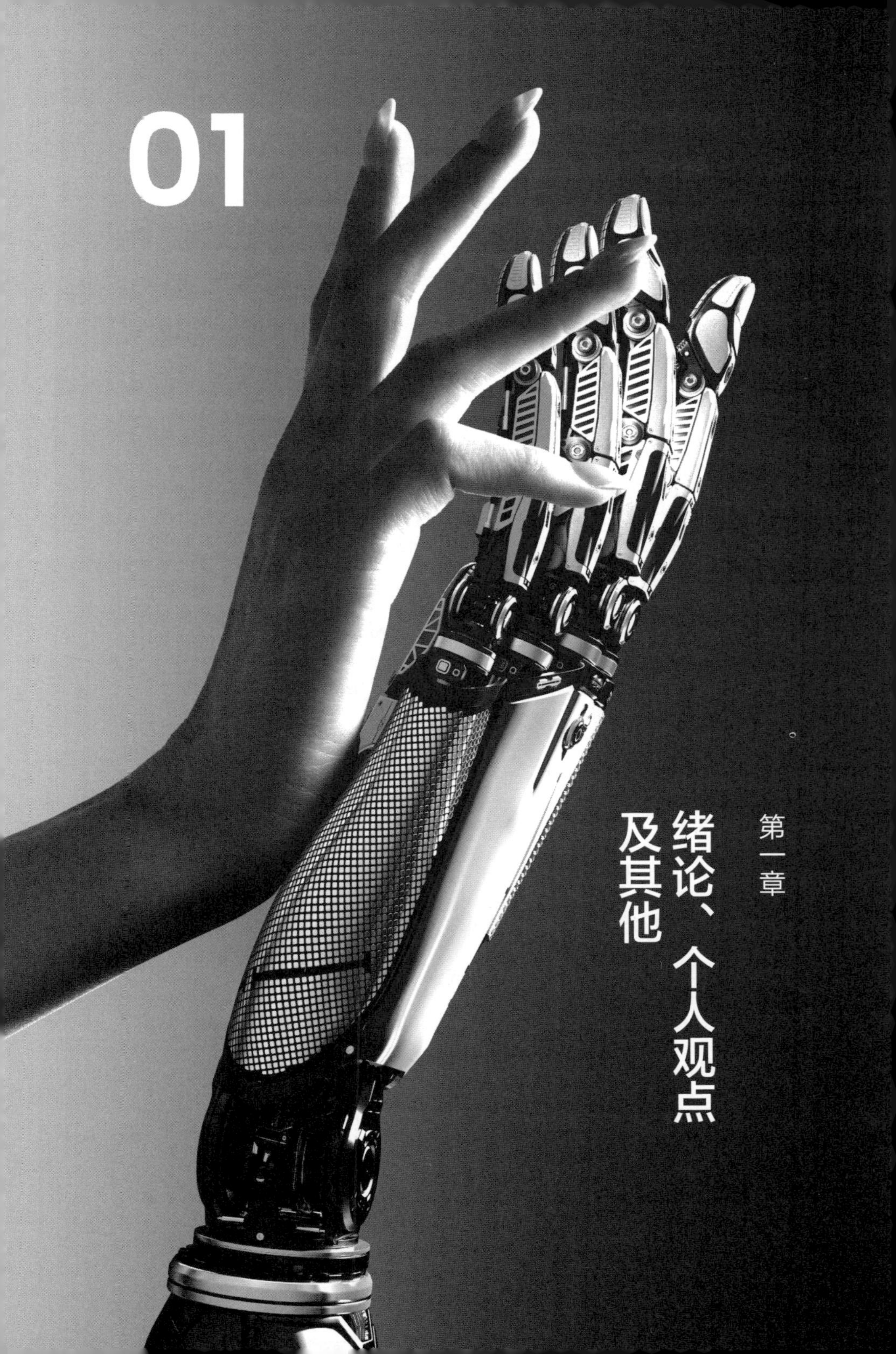

01

第一章 绪论、个人观点及其他

我与本书主题初次接触大概是在三四十年前。那年春天，即将大学毕业的我前往乡下的祖宅中完成毕业论文。祖宅是 40 年前由叔公建成的，他是一名土木工程师，大部分时间都耗费在设计及建造横跨西部河流的铁路、桥梁上。这栋房子的装潢设计，完美地体现出叔公的世界观及强悍的个性，比如，有一个档案室专门用于归置他的设计图，墙上挂满了桥梁的绘画作品，各个书柜里都是他的工程报告副本，其中还有他在世时曾为联邦政府所起草的各种地峡运河路线的可行性研究报告。

一个无所事事的春夜，我好奇地从书柜中抽出一本叔公所著的名为《新纪元》（*The New Epoch*）的书，书中汇编了他从 19 世纪 90 年代以来在各个场合发表的文章。在前言中，叔公说自己在阅读同窗约翰·费斯克（John Fiske）写的《发现美洲》（*The Discovery of America*）时灵光乍现，于是大笔一挥，阐述了它的中心思想。费斯克在书的开头描绘了他称之为“史前人类文化的发展阶段”——人类从各种各样的蒙昧、野蛮走向文明的时代，其特征很大程度上取决于当时人类可利用的工具和所掌握的知识，例如火、弓箭、陶器、铁器、驯养动物、字母。

因此，叔公也开始思考：自己和同时代的人已经进入了一个新纪元。所有早期的历史都由人类的能力创造，而人类的能力始终受限于人类自身的力量以及支配他人和动物的能力。但是，19世纪以来，一切都悄然不同。“人类的能力不再如此受限；现在，人类已经懂得制造力量，并随之开启了一个新纪元。”在这本短小精悍的书中，叔公通过诸多不同议题的篇章记录了自己对变化的思索，这些变化随着人类发现了制造力量的方法并将该方法物尽其用而产生，涉及社会、经济、政治和知识等多个层面。在这些问题上，叔公总是明智非凡，且常有先见之明。尽管他在解决预期难题时，背离了19世纪在各自的领域都颇能攻坚克难的工程师们过于草率的乐观主义，但他对重要问题的认知实则准确无误。此后，叔公在该书中所阐述的探究路径不约而同地引起了各领域高知的注意，如凡勃仑（Veblen）①、怀特黑德（Whitehead）②、熊彼特（Schumpeter）③和维纳（Wiener）④。

我多希望自己初读时就能了解个中深意，但那时我学业未

---

① 托斯丹·邦德·凡勃仑（1857—1929），美国经济学家、社会学家。

② 阿尔弗雷德·诺思·怀特黑德（1861—1947），英国数学家、哲学家，“过程哲学”创始人。

③ 约瑟夫·熊彼特（1883—1950），美籍奥地利政治经济学家。

④ 诺伯特·维纳（1894—1964），美国数学家、哲学家。

成，尚未理解叔公的深思熟虑。在学校里修读的历史让我深信，那些活跃在公众领域的人——将军、参议员、首相、外交部部长、国王和大使，他们机巧或大意的决策，赋予了社会主要的形态和意义。那时我的毕业论文旨在论述：拿破仑三世因何在内政外交方面愚蠢无能。菲利普·圭达拉（Philip Guedalla）[①]是法兰西帝国政变的主要记录者之一。圭达拉对产业革命，或者说对新时代的看法和我不谋而合，他对我影响颇深。有一次，菲利普·圭达拉在不得不考虑铁路公司的影响时，曾说："这种变化是19世纪那些非凡成就之一，那时穿着黑色大衣的小个子男人总是在冥思苦想，却意外捕获了其他发现。"在我所熟知的历史中，从阿拉里克（Alaric）[②]洗劫罗马到贝特曼－霍尔维格（Bethmann-Hollweg）[③]的"空头支票"，"身穿黑色大衣的小个子男人"几乎没什么存在感。

因此，《新纪元》在1932年籍籍无名。实际上，有段时间我只记住了书中的一句话。它的大意是：一艘现代轮船单次横渡大西洋所需的能量，足以将埃及金字塔的每一块石头从尼罗河中抬起来，再垒好。

待十七八年后，我再次拜读此书时，对其产生了相当浓厚的兴趣。在这十七八年间，我有所成就，了解了"身穿黑色大

① 菲利普·圭达拉（1889—1944），英国著名律师、作家。

② 阿拉里克：西哥特国王。

③ 特奥巴登·冯·贝特曼－霍尔维格（1856—1921），德国政治家，1909—1917年担任德意志帝国首相。

衣的小个子男人”们的苦修。首先，我写了一本传记，关于一名海军军官的生平，由于风帆动力船被汽船取代，尤其是海军射击系统日益机械化，这名军官的整个职业生涯完全被倾覆。仅仅是改变军官所使用的工具，就能造就个人生涯的巨变。我不敢说自己撰写时就充分意识到了这点，因为彼时，我只想搞明白某个特定人格的本质和影响。但在潜移默化中，某些更加深远的震荡叩击我心。

这之后，我花了 4 年的时间整理西奥多·罗斯福的信件。一开始，我与这代人的普遍认知别无二致，他们说美国第 26 任总统就是一个卖狗皮膏药的；林肯·斯蒂芬斯（Lincoln Steffens）[①]也说过，罗斯福总统在管理老百姓时，用屁股决定脑袋。但 4 年来，我在工作中渐渐了解了这位总统，对他的评价也发生了惊人的变化。罗斯福总统对美国正在进行的民主进程的本质有着无与伦比的洞察力，他对总统这一职位在民主进程中意义为何有着非凡的理解。历史上仅有两三位总统可与之相提并论。此外，他还明晰时代的本质。罗斯福总统是第一个提议“工业增长的绝佳新条件”并深明其意的总统，他还直接阐述了在这种条件下社会应该如何行事。罗斯福总统在任期内提出了随着国家制造力量逐渐强大而可能产生的各种难题。针对这些难题，他做了一些有趣的回答，并重申自己的观点：如

① 林肯·斯蒂芬斯（1866—1936），美国记者，20 世纪初美国“扒粪运动”领导人之一。

果不能及时提供相关答案或更好的选择方案，那么社会将被持续引入的新能量冲击得支离破碎。罗斯福这样说并不是在危言耸听，而是在对抗“绝佳新条件”，他抛却了许多 19 世纪自满的假设——比如事物将沿着波诡云谲的变轨有序发展，转而认为如果不关注新能量的秩序，事物就会失控。

研读罗斯福总统的论文和信件对我来说是在接受更进一步的教育。在那个“身穿黑色大衣的小个子男人”逐渐涌现的时代，仅靠“埃姆斯密电”（Ems Dispatch）[①] 或《奥斯坦德宣言》（*Ostend Manifesto*）[②]，抑或是续签《德俄再保险条约》（*Re-insurance Treaty*）[③] 之类的东西无法将世界团结在一起。当“材料力学、化学物质合成、热力学定律和动能”几乎充斥现代生活的每一个运作环节时，为使事物井井有条，某些更合理且更坚实的秩序尤为必要。1946 年，在我成为麻省理工学院教职工的一员后，教育在这种必要性的驱使下得以扩展。那时麻省理工就已经在慢慢发展，逐渐成为如今这个新纪元中最大的知识中心之一。调查、实验、阐述理论体系等几乎所有在这座学府完成的工作，都直接关系到旧力量形式的扩展，以及新力量形式的萌发。作为一名历史学家，仅仅是在这里生活和工作，

---

① 埃姆斯密电：1870 年 7 月 13 日普鲁士国王威廉一世发给首相俾斯麦的密电，俾斯麦借此密电激起法、德人民的民族仇恨，成为普法战争导火索。

② 《奥斯坦德宣言》：一份关于美国企图夺取西班牙殖民地古巴的文件，于 1854 年由美国驻英、法、西的大使制定。

③ 《德俄再保险条约》：1887 年 6 月 18 日德意志帝国和俄罗斯帝国签署的秘密协议，规定双方任意一方在与第三国交战时应保持中立。

就是在接受新制度下的自由教育。之前提到的“身穿黑色大衣的小个子男人”，就是这所学校许多人的先辈。后辈中也不乏有人思考——毕竟广岛原子弹事件刚发生不久。自然而然地，他们不仅思索如何设计出更高产的机械系统，而且考虑，在当时的条件下，这种机械系统会产生何种影响。他们当中有一些人与我十分熟识，我们一起共事、交谈，某种程度上来说，我们还一起成长，比如从事工程的霍索恩（Hawthorne）①、索德伯格（Soderberg）②和威斯纳；从事物理的多伊奇（Deutsch）③、斯特拉顿（Stratton）④和韦斯科普夫（Weisskopf）⑤；从事经济的麦克劳林（Maclaurin）⑥和米利肯（Millikan）⑦；从事心理学的巴维拉斯（Bavelas）⑧；从事数学的维纳等。多年来，在与这些人打交道的过程中，我或多或少地意识到，在一个制造力主导的时代里，情况并非一帆风顺，而且，这种制造力无可避免地会冲击和影响当前的社会。我所讲的可能夸大了实际情况，或者夸大了本书主题的维度。或许更客观地说，至少我从他们那里学会开始用一种全新的眼

---

① 威廉·R.霍索恩：麻省理工学院机械工程学教授，喷气发动机先驱。
② 卡尔·理查德·索德伯格（1895—1979），电力工程师。
③ 马丁·多伊奇（1917—2001），麻省理工学院物理学家，发现了正电子素。
④ 朱利叶斯·亚当斯·斯特拉顿（1901—1994），美国电气工程师。
⑤ 维克托·韦斯科普夫（1908—2002），奥地利裔美籍理论物理学家。
⑥ 鲁珀特·麦克劳林（1907—1959），麻省理工学院经济学教授。
⑦ 马克斯·米利肯（1913—1969），美国经济学家，麻省理工学院经济学教授。
⑧ 亚历克斯·巴维拉斯（1913—1993），美国心理学家。

光看待旧的历史资料，仅此而已。

不管怎样，在麻省理工学院任职几年后，我想用一种全新的方式整理这些旧资料，想必会得到很有趣的结果。那时，我的许多同事脑海中萦绕的是一种新的探索研究——技术创新，这种新潮的活动经常刺激着我们的精神生活，熊彼特称之为“创造性毁灭的风暴”；或者更简单点儿来说，技术创新就是人们在改造机器时所做的事情。技术创新有诸多环节：为什么要改？谁来改？有什么设计上的问题？有什么资金需求？有什么制度上的修订？谁的利益受到了侵害？谁又会从中获利？在这些环节中，有许多知识分子有待培养，比如物理学家、工程师、经济学家、社会学家、心理学家和政治学家等，在我看来，历史学家也应有一席之地。

所以我整理了一些自己非常熟悉的资料——有关美国海军在世纪之交引进新型射击系统的资料。10 年前，我曾把这些资料纳入海军军官威廉·西姆斯的个人传记中。从那时起，这些资料就以一种相对简单的叙述形式出现。这次，我试着在忠于事实的前提下重新讲述，着墨在人们使用的机械系统发生变化后出现的事情。重新汇编的资料似乎能非常清晰地剖析技术创新的整个过程，以及一系列前因后果之间非常有趣的联系。

如此编写后，本书第一篇文章就成形了，这也成为接下来所有文章的开端。在重写这篇文章时，我遇到了很多悬而未决的难题，进一步的调查研究因而受阻。自此，这个课题便一再搁置，过去 15 年以来，我时常重温。

后来，有关技术创新过程的思考和研究主要在 4 个不同的环节上：任何机械变化就绪的事物所具备的条件、主要变化动因的特征、反抗变化的本质以及促使人们普遍适应变化的手段。在这些环节中，不乏一些有趣好玩的事情，我乐于和大家共享。

举个例子，通常来说，一个人无法超迈现有的技术水平，或者说他无法过多地突破现有的知识边界。一方面，任何知识层面的英雄主义或超自然的跃迁都不能让人从轮子时代飞跃到内燃机和汽车时代；另一方面，如果某个技术允许一定的超前发展，那么除非其他相关技术支持普遍的超前发展，否则单个技术的超前发展是没有多大用处的。比如，希腊人曾有一种蒸汽机，由于在当时的技术环境中毫无用武之地，也没有相应的机械系统与之挂钩，因此这种蒸汽机很快沦为玩具，变得一文不值。更何况在当时的希腊，蒸汽机所做的工作是交由奴隶来做，成本已十分低廉。有趣的是，还有一种与之相反的论调：技术氛围中如果有条件能抑制技术创新中单个环节的变化，那么它也能促进单个环节的变化。在长达数年乃至几个世纪的时间里，人们针对风车和瀑布进行了大量的实验，直到 18 世纪才发明了一种能利用这些能源的先进技术。某些国家已经研制出能将电传输三四英里[①]远的水轮车装置，这十分令人钦佩。

① 英美制长度单位，1 英里 =1.609 千米。

精密仪器所需的只是一个更加有效的原动机，而由于当时还没有蒸汽机，所以蒸汽机的发明就显得十分必要。

还有大量随之而来的其他观点或尝试性概述。其实严格意义上来说，本不存在发明家或是发明。换言之，“发明”这一行为，可能只是在相当长的一段时间里，无意识地或偶然地做着有意识的、明确的、有规律的事情。贝塞麦（Bessemer）[①]发现了一种新的炼钢法，从而改变了当时的社会，但在某种程度上，这种炼钢法并非原创，而是由来已久。无独有偶，在巴斯德（Pasteur）[②]的前几代人中，欧洲的主妇们为了将牛奶加热至母乳温度，一直遵循巴氏杀菌法的原则。实际上，几乎任何新发明的相关研究表明，在新事物发明前的漫漫岁月中，其他人也都在做着与新发明同样的事情。

无论发明是否存在，发明家确定存在，甚或那些发明家都患有一种综合征。这种综合征界定明确，就像任何神经症的症状一样。19 世纪涌现了大量的发明家，我曾汇集大约 30 位发明家的生平事迹，结果发现，他们之中的许多人几乎未受过正规教育，他们酗酒、挥金如土、情史混乱、离经叛道。我想，这也是现在人们对发明家的刻板印象。发明家同时具有工程师的某些特质，因此很可能像所有伟大的工程师一样，还具有艺术家的秉性和创造力，或许还较之更甚。如果不考虑长期的社

---

① 亨利·贝塞麦（1813—1898），19 世纪英国著名发明家，发明了转炉炼钢法。

② 路易斯·巴斯德（1822—1895），法国微生物学家、化学家，发明了巴氏灭菌法。

会利益，人们有可能将发明视为一种敌对行为，因为这种行为会颠覆现存体制，打破中产阶级的舒适生活，以肆意规定的秩序和标准影响社会的和谐、稳定。另外，几年前，一个英国人对许多发明家的生活做了一番详细调查，结果惊奇地发现，大多数人都做过电报员这种循环往复的工作：工作时间零散，偶尔高负荷，且基本上在孤独地和机器打交道。因此他得出结论，这一职业实质上就是用标准化的操作程序给那些不想墨守成规的人提供了一个巴黎左岸式的，或者说革命性的秘密组织。

当从历史的角度考虑这些问题时，诸多与之相关的奇闻趣事让人们乐于从这一领域着手，然后再赋予这些奇闻趣事一般意义，尤其是研究人们对变化的反抗，从该角度切入实在是莫大的诱惑。这些年来，我搜集了有关这一主题的大量报告和事件。众所周知，理查德·阿克赖特（Richard Arkwright）① 在1769年发明了细纱机后，工人们恶意砸毁了这些机器，速度之快堪比制造新的细纱机。这样的故事数不胜数，几乎每个新奇事物诞生的背后，都有反抗的声浪，比如怀恩多特② 的钢铁工人烧毁了美国第一个工业实验室，英格兰③ 煤田矿井中用水桶运水的囚犯们（the men in the vertical chain gangs）④ 摧毁了驱

① 理查德·阿克赖特（1732—1792），英国发明家，工业革命时期领军企业家。

② 怀恩多特市，位于美国密歇根州韦恩县。

③ 英格兰市，位于美国阿肯色州洛诺克县。

④ chain gang，用铁链锁在一起服劳役的囚犯，过去常见于澳大利亚和美国南部。

动新水泵的纽可门机等。即使新设备能代替人类在恶劣的条件下工作，比如上面提到的矿井运水线，人们对新设备的抵触心理也难以避免和消除。

在我看来，整个技术创新过程中最重要也最有趣的部分就是这种反抗的由来，所以接下来我将聚焦于此。我还认为，这一部分应该得到更多的关注和研究，如若不充分了解反抗的由来，谁也无法有效地处理技术创新过程中的最后一个环节——普遍适应随着新机器出现而产生的条件。这里有一个难题：人类倾向于将旧条件下形成的行为模式延续到新条件中，这种新条件由引入的不同机制产生，并且总是与旧条件大相径庭。我曾经认识一个马夫，他一生中绝大多数时间都在和马打交道，在拖拉机取代马之后，他留下了那些马并悉心照料。马死后，他依然会修补马具，即使那时已经没有要佩戴马具的马了。在纸带[①]被发明出来用于指导铣床工作后，有一名技工仍坚守原岗，但一段时间后，由于他无法改掉每次离岗就关掉机器的习惯，不得不把他换掉。从这样的奇闻趣事到现代的超额雇工，大量证据表明，在与人类息息相关的新旧事物简单而快速的更迭时，尚未有人能解决其中产生的问题。

在本书中，我花了大量的篇幅来探讨这些话题。从某种意义上来讲，这是为了帮助我更好地理解技术创新过程中各个环

① 纸带：在数控机床中是用于记录程序的媒介。

节而设计的系列练习。这些练习持续了六七年，直至我发现自己殚精竭虑，但仍是一知半解。某种程度上说，这是一件收益递减的事情：我搜集的信息证实了我已知的事情，却没有增进我对技术创新过程的理解。我通过定义和分析，把要说的大部分内容放在了开篇的新型射击系统中。接下来更多的是分类而非修正——有关寻求一套成熟思想的普遍应用，而非发展新的思想。此外，我开始意识到，无论这些练习在定义工业化的早期变化时多么有用，它们都不能帮助我们增进对工业化晚期（即当下）的全面理解。

不难发现，我搜集的许多信息都来自19世纪的历史。因此，这些信息更多的是作为启发性的寓言，而非当时情况的确凿证据。

就拿发明来说，在19世纪的大部分时期，发明似乎只是单人的工作。因此，发明相对来说是偶然且草率的，并非有意为之。另一方面，怀特黑德曾说19世纪末最伟大的发明就是对发明方法的发明，而今天我们可以对发明方法精益求精，这让我们摆脱了仅靠一个人来完成发明的时代。技术知识变得如此专业、传播得如此广泛，以至于一个人的工作在某种程度上变成了所有人的工作。对此，有种说法是，发明家的高超技艺大体上已经让位于系统性研发。

方法不断改进和研发体系日益增加还有一个原因。技术结构的急速发展，再加上科学与工程的紧密配合，使人们有了更加清晰明确的操作环境。在这种环境中，人们可以利用已知的事物，也可以尽情探索未知事物。在更加原始的早期环境中，很难充分控制事态的发展，而充分的控制有时又十分必要。查尔斯·古德伊尔（Charles Goodyear）[1]没有出色的头脑，也没有过人的资质，但他痴迷于一个念头，就是用橡胶做点儿什么。因此，古德伊尔开始各种尝试，从冷冻橡胶到掩埋橡胶。直到有一天，一次意外让他得偿所愿，他在炉子上发现了一种物质——硫化橡胶。从统计学的角度来看，古德伊尔发现硫化橡胶的概率，好比猴子在打字机上创做出《哈姆雷特》（*Hamlet*），但这确实表明了时代的差别。那时，不带目的性可能会增加奇遇的发生概率，但同时，在条件的制约下，也增加了失败和无效的风险。如今通过研究现有环境的局限和缺陷，有可能开发出一个相当独立的研发计划，并有效执行。在很大程度上，时代的差别在于古德伊尔先生获取硫化橡胶的方式与贝尔实验室研制晶体管的方式。

我在研究“变化”这个主题时，把大部分时间和精力放在了19世纪的林林总总中，甚至都没有注意到时代差异这个再简单不过的事实。直到几年前，我把“万帕诺亚格”号战列舰的怪诞历史整理在一起时（这部分内容会在本书后续章节中出现），才开始意识到条件的变化可能含义深远。我现在还不敢说自己完全理解了这些含义，但我希望自己在定义难题方面已经今非昔比。

---

① 查尔斯·古德伊尔（1800—1860），美国制造工程师，硫化橡胶发明者。

在我看来，这个难题分为两部分。第一部分在我叔公所著的《新纪元》一书的结论中可见一斑，他说：“在许多方面，新纪元一定以一个毁灭的时代开篇，它一定会摧毁过往历史中最有利的条件和人们最看重的某些传统……无论是在物质世界还是在精神世界，大毁灭在所难免，旧的建筑、旧的界限和旧的丰碑，更有甚者，人们的习俗、观念、思想体系以及教育方式，都将毁于一旦。”

尽管叔公说《新纪元》一书并非预言，但紧接着，他就预言了三件事。首先，“通过提高人们的受教育程度以满足时代的新需求，新纪元会一劳永逸地终结所有的野蛮种族。”其次，他敏锐地指出：“数量庞杂的未开化群体，即是最大的威胁。而且，世人知之甚少，无法认清自己的局限性，却愚忠于领导人。”最后，“危险在于，毁灭性的变化来得太快，取而代之的发展速度却不够快，两者之间的不协调，实则后患无穷。接下来的两三个世纪，战争、暴乱或其他动荡可能会爆发，如果世界能免遭这些劫难就好了。”

叔公在世纪之交时写下这些文字，作为预测，这些文字被虚拟语气和条件句严格地限定。实际上，叔公的担忧被他那一代人共有的自信情绪冲淡了——如果这种自信不是自满的话。生活在 19 世纪的人们，总是在和力量打交道，这是他们首次真切地感觉到，自己有能力深刻地改变生活条件，但是这些力量也没能实现预想中的大发展。19 世纪是蒸汽动力和大批量钢铁生产的主导史，人们几乎花了整个世纪让蒸汽动力和钢铁运用广泛，影响深远。换句话说，19 世纪人们拥有的力量有限，只能产生有限的变化，但是也有足够的时间从容地适应这些变化。

今天，我们拥有前所未有的发明方法与技能，可以随心所欲地改变技术形态，所以我们掌控的力量——即技术结构中的能量——几乎塑造了人类所有的生活条件，还塑造了一种迅速变化的形态。

因此，面对这个难题，首要的思考是，目前我们是否能找到一种行之有效的方法，用以弥补并缩短变化和发展之间的差距。前者在新的制度下摧毁了旧事物，这些旧事物并非有害，只是不够完美、高效；而后者将取代旧事物，但取代得不够迅疾。换句话说，前文提到的老马夫在马死后，为了适应变化而去修补马具，换成我们，谁能想到比这更好的归宿？况且，不只是对暂时的技术失业者——像这位老马夫一样，对世人而言，彻底的变化在哪里才能休止，并稳定下来呢？

其次，从早期的火器、铁制品和轮子开始，发明的意义在于惠及人类。总体来说，在人类的大部分历史中，至少是早期历史中，人类获取的优势其实是具有偶然性、小规模性的，在效果上还具有局限性。尽管自然环境的条件在缓慢改变，但仍旧支配着人类的生存条件。现在则不同，凭借渊博的知识和精密的仪器，我们能确定人造卫星的轨道、干预一年的天数。在掌控自然的漫漫征途中，我们正在用人造环境取代自然环境。这种特殊的人造环境有其独有的一种结构、一套节奏和一系列动态反应，而这些还不能够很好地与人类的反应相适应。这些年来，人类成功地将一大部分自然环境掌控在自己手中，为了管理所掌控的自然环境，人类又创造出了复杂的制度体系。那么问题是，人类又是否能把握这些制度体系呢？

我说过，在不久前我才开始思考这类问题。我的思考最初仅限于普通主题的一隅，这一小块领域也许正在失去其意义。从改造一个6英寸[①]（约15.24厘米）口径的炮架到乳品行业的革新，再到计算机运行的突破，我进展滞缓。如前文所述，从这些研究中搜寻的证据能让人开始思考技术创新的过程，以及改造某个机器带来的直接影响，比如个人应对变化的本质，适应变化所付出的代价，变化对制度结构的影响以及在正式制度中保持创造力的手段等。我对系列主题的有关思考将在后文一一呈现。这些年来，我一直在研究这些问题，它们引导我开始关注更大的话题——新纪元的特征。因此，本书末尾是我对这一话题的粗浅认知。

① 英美制长度单位，1英寸=2.54厘米。

02

第二章

海上交战：创新研究的典型案例

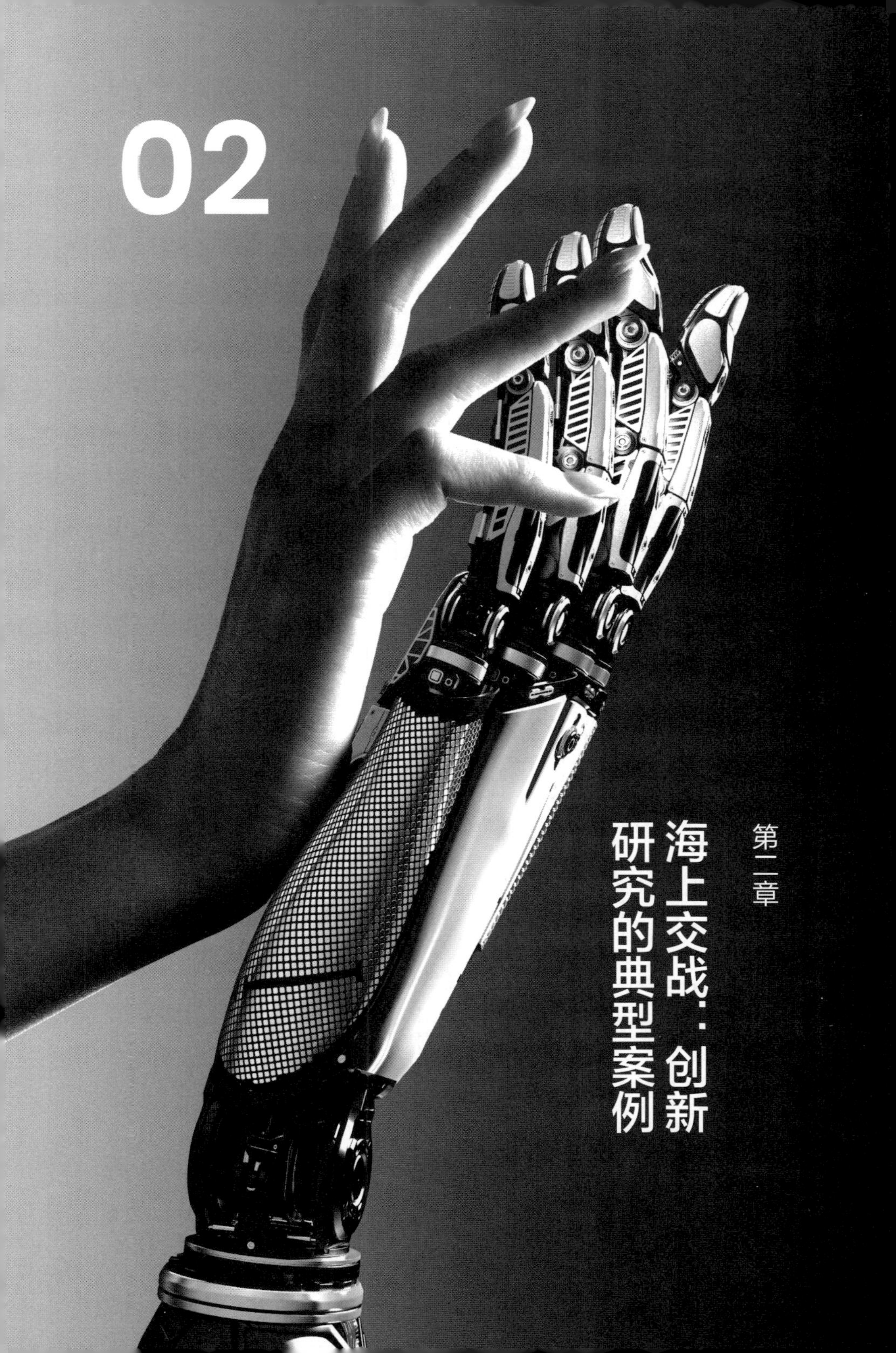

第二次世界大战早期，军需短缺，英国军队沿用的都是老旧的野战炮，攻击力很弱。这种轻型火炮的光辉历史甚至可追溯到布尔战争[①]。法国沦陷后，局势动荡不安，这些由野战炮结合卡车组成的机动单元，在海岸防御中功不可没。但有人认为这种卡车炮的射速有待提升，因此特意聘请了一名时间动力学专家来指导射击程序的简化工作。这名专家就卡车炮在战场上的实际操作情况观察了一段时间，发现卡车炮由 5 人一组进行操作。但他对部分操作过程存疑，于是拍摄了一些慢动作影像，记录下士兵装弹、瞄准和射击的全过程。

反复观看影像后，专家注意到一些诡异之处：射击前一刻，有两名士兵停止了一切动作，只是立正站好，导致整个射击过程延长了 3 秒。随后他叫来一名老炮兵上校，出示了这段影像，指出这一奇怪行为并询问原因。起初上校也不知何故，但在看

① 本篇文章源于作者 1950 年在加州理工学院所做三场讲座的其中一场，此后该文章经不同程度的删减，出现了众多版本，这里首次以原文形式出现。

了一遍影像后答道："啊，我知道了，他们是在勒马缰。"

据我所知，这个故事是真实发生过的，但无论真伪，它都表明人类是万分不愿地去适应不断变化的环境。环境千变万化显然不是人类本愿，但在变化已经发生的情况下，无论固有的习惯与当前环境多么不协调，人类都会继续保留旧习惯，以免遭受变化的冲击，从而保护自己。

然而，如果人类被已知的事物吸引，那么他们也会因为不甘平淡而不断被未知的事物吸引。《传道书》（*Ecclesiastes*）曾愤懑指出，人类总是在追求发明创造去扰乱已有的生活方式和信仰。

显然，人类的生活总是在不断地变化。到如今，变化已经成为人类文明的一个决定性特征。在相对无序的社会组织中，地位的转变可谓又快又容易。对我们当下的目标而言，更重要的是，美国归根结底是一个工业国家，且处于一个技术迅猛发展的阶段，因此不断有新设备或新的力量形式出现。这些新事物不断地更新迭代，并广泛传播，冲击着我们固有的思维习惯和行动指南。如此一来，我们是否能获得心灵的平静和救赎似乎取决于未来有多大概率能完全形成一种社会，这种社会有一个好听的名字，叫"适应性社会"。

有趣的是，关于变化过程和人类应对变化方面的调查研究少之又少。近期，心理学家、社会学家、文化人类学家和经济学家已着手研究这一课题，并得出了一些启发性的成果。但是，距离完全理解变化过程还相差甚远。至于要怎样帮助个人或群体接受新机器或新思想，并加速他们接受的过程，就差得更远了。

考虑到这些事情，我想，从历史的角度来审视社会的动荡起伏，可能会十分有趣，或许还十分有用。不妨一看，在这样的审视中，我们是否能发现，伴随着变化的新机器或新思想是如何涌现的？谁引进了这些新事物，谁又拒不接受这些新事物？在社会结构中，创新带来了哪些摩擦，造成了怎样的危机？这些摩擦和危机因何产生，人们又能如何应对？为了研究这种情况，我们选择美国海军中的连续瞄准射击系统为研究对象。该系统最初是由一名英国军官于 1898 年设计，随后于 1900 至 1902 年引入美国海军。

我之所以选择连续瞄准射击系统为研究对象，原因有二。其一，海军就像是一个各方面都严格限定在一定条件内的社会，井然有序，且相对来说不受任意条件的影响，因而能清楚地辨别变化带来的影响。同样地，在这一结构中由变化引起的混乱也能轻易地被发现和标记出来。其二，连续瞄准射击的发展依赖于机械装置，因此可用于研究一种具体的、持久的情况。不像其他许多新理念，被竞争力量或相冲突的偏见歪曲，比如，摩尼教教义或是西格蒙德·弗洛伊德（Sigmund Freud）[①] 的观点。对于连续瞄准射击的本质，我们再清楚不过了，现在要以一种

① 西格蒙德·弗洛伊德（1856—1939），奥地利神经专家，精神分析学创始人。

尽可能简洁的方式描述其本质，而这会涉及某些技术层面的简短调研。我不会因为自己热衷于弄清海军火炮的发射方式而道歉，即使有人告诉我本该如此。一方面，只有弄清楚射击过程，才能进一步地理解深层次的内容；另一方面，洞察潜在的物理因素，才能更好地进行后续的社会影响研究。现在，我们先来说说火炮和交战。

海上交战时，首先要明确的是，火炮安装在颠簸的军舰上，而军舰又是一个很不稳定的平台，连续的晃动显然不利于瞄准目标。1898 年以前，这个问题曾被简单地修正过：瞄准手会估测目标距离，在 19 世纪 90 年代，这一距离通常为 1600 码[①]左右（约 1463.04 米），然后瞄准手会抬高炮筒至一定高度，让炮弹在估测的距离内命中目标。抬高炮筒的过程是通过旋转炮架上的一个小旋钮——操纵炮筒高度的装置来完成的。火炮固定好后，瞄准手会从开放式瞄准镜（并非步枪上的那种瞄准镜）瞄准目标，再等待舰体横摇直至目标出现，随后按下发射按钮。到 1898 年，一些火炮安装上了望远式瞄准镜，这显著扩大了瞄准手的视野，却鲜少使用。这些瞄准镜牢牢地粘在炮筒上，随着炮筒后坐移动，在粗心的瞄准手眼里，它们都是碍手碍脚的东西。因此在开炮前，这些瞄准镜只用于粗略估测目标的距离。

现在来关注一下射击过程中的两件事。首先，发射速度受舰

① 码：英美制长度单位，1 码 =0.9144 米。

体横摇周期控制，因为瞄准手必须等到舰体横摇直至目标出现才能发射火炮；其次，每个瞄准手都有一个所谓的“发射间隔”，也就是从瞄准手有射击冲动开始，再到将这种冲动转化为按下发射按钮的实际行动之间的时间差。因为有这种反应时间的存在，所以通常还没等到舰体横摇到目标恰好出现，瞄准手就必须开火，如此才不致失手。由于发射间隔因人而异，所以瞄准手必须经过长期训练，预估自己的发射间隔并进行相应的校正。

上述两件事和其他事情（在此不再赘述）一起，共同造成了海上交战的不确定性和低效性。在晃动的平台上，瞄准手估测目标距离和自己的发射间隔，在视线偏离目标时进行射击，在某种意义上他就是一个独立的“艺术家”。

1898 年，连续瞄准射击系统的引进攻克了射击过程中的许多不确定性，瞄准手的工作也彻底改变。最主要的变化是，通过调节俯仰装置的齿轮比，瞄准手可以快速升降火炮，以校正舰体横摇，如此一来，他就可以一直瞄准目标。紧随其后的是另一个变化，随着火炮锁定目标成为可能，改进瞄准镜的诉求立即显现出来。人们第一次认识到了望远式瞄准镜相对于开放式瞄准镜的优点，但现有的望远式瞄准镜会在后坐力的冲击下随着炮筒移动，从而阻碍炮手视线。为了改正这一缺点，人们把瞄准镜安装在一个套筒上，以此让炮筒在套筒内产生后坐力，从而保持瞄准镜的稳定。

对俯仰装置和瞄准镜的改进不仅消除了海上交战中的主要

不确定性，还大大提高了射击精度和速度。

由于时间有限，我不再赘述，但请大家相信，改造后的海军炮术从一门艺术变成了一门科学，英美两国海军的火炮射击精度均有所提升。有一个学生曾说过，这两个国家的海军火炮射击精度在6年内提高了3000%，但除了表明射击精度的跃升外，这个数据并没有多大意义。而接下来谈到的对比数据，反而可能更有意义：1899年，北大西洋中队[①]的5艘军舰在1600码的常规射程内对着一艘灯船的残骸分别射击了5分钟，25分钟的连续射击后，只有两发炮弹命中了灯船的船帆。6年后，一名海军炮手在同样的射程内对准一个75英寸 ×25英寸（约190.5厘米 ×63.5厘米）的目标射击了1分钟，在总计15发炮弹中，有一半都命中了50平方英寸(约322.58平方厘米）的靶心。

有了工具（火炮、俯仰装置和望远式瞄准镜）、方法和连续瞄准射击的亮眼成绩，现在该转向我们最感兴趣的话题了：连续瞄准射击这个如此简单的想法是如何产生的？谁将这种技术引进了美国海军？又引起了怎样的反响？

连续瞄准射击的想法来自思维十分活跃的英国海军上将珀西·斯科特爵士（Sir Percy Scott）[②]在担任“锡拉”号[③]舰长期

---

① 北大西洋中队隶属于美国海军，在北大西洋一带进行军事作业，1902年改名为北大西洋舰队，1906年与南大西洋中队合并为大西洋舰队。

② 珀西·斯科特爵士（1853—1924），英国皇家海军军官，现代海军炮术先驱。

③ 19世纪末英国皇家海军建造了21艘阿波罗级二级防护巡洋舰，“锡拉”号为其中之一。

间（1898 年）的一次灵光乍现。最初两三年，斯科特在英国皇家海军任职时，就对改进炮术进行了冥思苦索。某天，炮手在进行射击练习时，舰体摇晃得十分剧烈，斯科特走到炮台，检查炮手的练习情况。由于天气恶劣，炮手的练习情况普遍不理想。然而斯科特注意到，有一名瞄准手比其他人的射击精度要高出很多，因此他仔细观察了这名瞄准手。一段时间后，他发现这名瞄准手在无意识地反复操纵俯仰装置，正是这一操作校正了舰体横摇。斯科特如梦初醒，想到了能解决射击精度难题的有效措施—— 一个人在下意识时做的一些事，经过训练后，能变成所有人有意识时做的事。

于是，基于这个假设，斯科特做了三件事情：第一，他调整了“锡拉”号上所有火炮俯仰装置（此前该装置仅用于固定火炮射程）的齿轮比，以便炮手能轻松地升降火炮，在舰体横摇时也能跟随目标；第二，他重新安装了瞄准镜，使其不受火炮后坐力的影响；第三，他在炮口处安装了一个小靶子，通过与之连接的曲柄上下移动，以模拟移动的目标，瞄准手可以通过追踪这个移动的靶子，并用装在火炮内膛中的次口径步枪射击，这样就能进行每日训练。有了这些装备，军舰就变成了炮手的训练场。在此之前，优秀的瞄准手只是独立的艺术家，现在他们都变成了训练有素、整齐划一的神枪手。这种训练效果显著，锡拉号在一年内创下了令人瞩目的射击纪录。

讲到这里，我想稍作停顿，请大家关注一下与创新过程直接相关的、间接涉及的几件事情。首先是创新者的个性，我希望还有时间能多谈谈海军上将珀西·斯科特爵士，他是一个值得称赞的人，三件事就足以证明：第一，他在机械方面有某种独特的巧思；第二，他的人生跌宕起伏，他婚姻破裂，还与野心勃勃的海军军官查尔斯·贝雷斯福德爵士（Lord Charles Beresford）[①]不和，斯科特曾讽刺贝雷斯福德的声音“大得连帝国最远的几个前哨都听得见”；第三，他和斯威夫特（Swift）一样，对所有权威机构，尤其是英国海军部的“死脑筋”们十分鄙夷。

此外，还有几点值得一提。首先，斯科特并不负责发明革新炮术的基本工具。炮术改革依赖火炮本身，像步枪一样，当时，火炮在军舰上纵横了至少 40 年，斯科特军舰上所用的俯仰装置最初只是线膛炮的一部分，而望远式瞄准镜应用于军舰也至少 8 年了。斯科特的贡献在于将这三种元素巧妙地结合起来，使连续瞄准射击成为可能。其次，正是偶然观察到那名瞄准手下意识地操纵俯仰装置以校正舰体横摇，斯科特才发现了这三种元素组合的妙用。如前文所述，斯科特对炮术十分感兴趣，他想到了通过练习和改进现有机械装置来提高射击精度的方法。然而，尽管他才智过人，却浅尝辄止，没能提出想法，也没能改进相关工具。最后，机遇、知识氛围和斯科特的头脑

① 查尔斯·贝雷斯福德爵士（1846—1919），英国海军将领、下议院议员。

之间产生了复杂的相互作用。运气（在本案例中指下意识的瞄准手）的确偏爱有准备的头脑，但是运气和有准备的头脑也需要有利的环境来迸发机遇。任何知识都无法远远超出目前掌握的信息及与之相关的内容。

作为一名教师，“原创性思维”的所有激励因素诱发了我的兴趣。人们对“呆滞思想”[①]毫无价值的迷恋总是深植于教学思维中，因此在教师这个行业，人们总是漠视创新，而这些思想，或者说任何思想，实际上都是在创新过程中产生的。我清楚地记得，我的一个学生在读《达·芬奇笔记》（*Da Vinci's Notebooks*）时，轻蔑地否定了该书的作者达·芬奇，如班上另一个聪明的学生所说，达·芬奇对机械的了解程度甚至不如佛蒙特州支持共和党的一个农场主。这也许就是某种教学方法下的产物，它频繁暗示伟大的概述一方面是机遇的结果，比如，一个苹果掉在果园里，又比如，一只茶壶在炉子上沸腾；另一方面则是某些毅然朝着预想横冲直撞的思想硕果，比如，进化论。

出现新思想的过程，也就是运气、知识氛围以及勇于创新的头脑之间相互作用的过程，是任何创新案例研究所提供的一个很有趣的研究主题。沃尔特·坎农（Walter Cannon）[②]博士曾指出，这个主题立即吸引了霍勒斯·沃波尔（Horace

---

① “呆滞思想”：出自阿尔弗雷德·诺思·怀特黑德所著的《教育的目的》。

② 沃尔特·坎农（1871—1945），美国神经学家、生理学家，首次将X射线应用于生理学研究。

Walpole）[①] 的注意，他才思敏捷，在诸多想法间穿行自如。在思考机遇于发展新思想的意义时，沃波尔想起了塞伦狄普（Serendip）3 位王子的故事。故事里的 3 位王子踏上旅程，走遍整个王国寻找某个有趣的东西，但他们并未找到原本要找的东西，反而在旅途中发现了许多其他的新鲜事物。沃波尔认为，应该给这种机智的方法起个新名字。于是，为了纪念那 3 位王子，他将这种方法命名为 Serendipity，意为“意外发现珍奇事物的本领”。这个词显然对我们所谓的“原创性思维”产生了相当大的影响，比如，斯科特偶然发现连续瞄准射击技术时，就是该本领在起作用，他原本只想找到能提高炮手射击练习成绩的方法，但在观察中，却发现了瞄准问题的解决办法，这一点真是出乎意料。

在认识到“有准备的头脑”这一点后，Serendipity 确实倾向于强调机遇在知识探索中的重要性。但这里先插入一个小故事，它表明了虽然“有准备的头脑”至关重要，但这一点又抵消了机遇的作用。最近，美国国内就是否真的出现过文艺复兴的话题展开了激烈讨论。近期一名学者在印刷媒介上称，实际上，在中世纪人们已经拥有了许多和文艺复兴时期相关的工具和器材，文艺复兴只是一段被定义的时期，仅存在于像伯克哈特（Burckhardt）[②] 这样的史学家脑中。这个观点被艺术史学家

---

① 霍勒斯·沃波尔（1717—1797），英国作家、艺术史学家，代表作《奥特兰多城堡》。

② 雅各布·伯克哈特（1818—1897），瑞士文化艺术史学家。

潘诺夫斯基(Panofsky)[①]幽默地驳回了，他指出，尽管罗伯特·格罗斯泰特（Robert Grosseteste）[②]确实拥有一台简陋的望远镜，但他用这台望远镜来观察沿街田地里的庄稼秆，而文艺复兴时期的智者伽利略则把望远镜对准了天空。

在这里，潘诺夫斯基略带挑衅地说，机遇和知识进步是训练有素、积淀深厚且勤学好问的头脑的产物，这样的头脑“把呆滞的思想重新排列组合”，使我们得以从“呆滞思想的深渊”中解脱出来。教育工作者在传承知识经验并灵活地教授给下一辈时，或许他们也在思考如何才能培养出独立又勤学好问的头脑。

但我已经找到自己的冒险事业了，现在回到引入连续瞄准射击系统上来。1900 年，珀西·斯科特作为指挥官率“可怖”号防护巡洋舰[③]前往中国，他在舰上继续推行改进后的射击训练方法，并将自己在海军炮术方面取得的巨大成就付诸实践。斯科特在中国遇见了一位美国下级军官——威廉·西姆斯。西姆斯在机械方面的巧思上远不及珀西·斯科特，但两人脾气相投，成为至交，这一点值得注意。西姆斯和他的英国军官兄弟斯科特一样，无法容忍随地吐痰和上光剂，还鄙视官僚的死板。几年来，西姆斯和斯科特一样担心海军效率低下的境况。比如，

---

① 欧文·潘诺夫斯基（1892—1968），德裔美籍艺术史学家。

② 罗伯特·格罗斯泰特（1175—1253），英国经院哲学家、神学家。

③ “可怖”号防护巡洋舰：英国皇家海军于 19 世纪 90 年代建造的防护巡洋舰。

在遇到斯科特不久前，西姆斯乘坐全新的、令美国海军为之骄傲的“肯塔基”号战列舰前往中国，经过认真的调查和思考，他告诉身在华盛顿的上级，肯塔基号“根本不是一艘战列舰”，而是美国海军的耻辱。西姆斯对推进海军改革的执着用他对斯科特说的一句话来形容再适合不过：“我不介意那些与我意见不合的人能够继续活下去，但我的每一根汗毛都在发出对隐晦和奸诈的憎恶，身处高位者用这些恶习保全颜面，代价却是牺牲我们海军的重大利益（海军中那些蠢材竟然还如此天真地信任上级），想到这一点，我就想将那人抽筋扒皮，不惜代价！”

1900 年，西姆斯从斯科特那里学到了所有关于连续瞄准射击的知识。在斯科特的助力下，西姆斯调整了军舰上的装置，试用了新的射击系统。经过数月的训练，他用于试验的火炮在射击练习中表现不俗。西姆斯确信这种射击方法行之有效，转而想在整个海军中推广。于是他洋洋洒洒地写了 13 份官方报告，详细记录了连续瞄准射击的情况，并辅以大量真实数据支持自己的论点。两年间，西姆斯重申了三个关键点：第一，他不断引用斯科特的两艘军舰——锡拉号和可怖号创下的纪录，并用自己在美国军舰上积累起来的测试数据支持这些纪录；第二，他描述了自己和斯科特为获取这些纪录而使用的机械装置与训练程序；第三，他解释道，美国海军自己的机械装置未经改进，普遍满足不了连续瞄准射击的要求。美国军舰的俯仰装置在缓慢升降火炮以固定合适射程方面还是有用的，却无法让炮手在舰体横摇时轻松快速地追踪目标。西姆斯还解释说，美国军舰上的望远式瞄准镜太少，起不到任何作用，而且这些瞄准镜的十字线太粗劣，遮挡了目标。另外，由于瞄准镜在火炮上的安装位置有误，因此火炮发射后，反后坐装置会把目镜打到瞄准手的眼睛上。

这不仅是西姆斯第一份报告中的基本内容，还是此后所有关于英国海军炮术研究报告的表述内容。华盛顿方面给出的反应也很有趣，大致分为三个明显的阶段。

第一阶段：最初，华盛顿方面并未理会。西姆斯将自己的意见上交到海军军械局和海军航务局，但石沉大海，连续瞄准射击的说法和纪录并未让人信服，西姆斯写的报告被简单地归档并抛之脑后。稍感欣慰的是，他的报告至少得到了地上爬过的蟑螂的垂青。

第二阶段：对任何一个人来说，自己的心血之作被上级无视都会感到不悦，而西姆斯遭受的冷遇尤其令他恼火。在其后续的报告中，除了用于支持论点的数据，他还改变了语气，刻意使用了夸张的语句。像他说的，因为“他们对我之前写的报告不置可否，还把它压在了箱底，所以我决定换种方式，让他们觉得把这些报告遗忘在文件堆里是一件非常危险的事情”。他还对另一个朋友说：“我要赢，如果赢不了，我就不干了。”

除了改变语气，西姆斯还采取了其他措施让自己的观点引起关注。他把报告的副本拿给舰队里的其他军官看，结果西姆斯对炮术的看法的报告很快被传阅并引发了诸多讨论，这刺激了身处华盛顿的上级，使他们开始有所行动。他们通过总管射击练习所用器材的海军军械局局长做出如下回应：总体上，我们的器材水平与英军相当；既然器材一样，那么问题就一定出在人身上，而瞄准手及瞄准手的训练由军舰上的军官负责；最重要的是，连续瞄准射击是不可能的。实验表明，5 个人在操作一台 6 英寸（约 15.24 厘米）口径火炮的俯仰装置时，是无法在 10 秒钟内产生足够的力量以校正 5 度的舰体横摇。这些实验和计算无疑表明，斯科特的连续射击系统简直是天方夜谭。

华盛顿方面有理有据地反驳了西姆斯的说法，这是其第二阶段的反应。但可以看出，这些回应中只发现了一个问题，而且他们犯了大错。第一，尽管英美两军器材水平相当，但斯科特的两艘军舰——锡拉号和可怖号上的器材，要比美军军舰上的器材好得多；第二，只有改进整个舰队的器材，才能对舰上的士兵进行连续瞄准射击的训练；第三，华盛顿方关于俯仰装置的实验是在华盛顿海军工厂坚实的地面上精心设计的，因此在海军军械局的计算中，无须考虑牛顿第一运动定律，但在海上是需要将其考虑进去的，这有助于炮手在颠簸的军舰上升降火炮。当然还有一个现实情况，在海军军械局局长写到连续瞄准射击在数学上不成立时，斯科特和美军的一些军舰已经开始使用这一系统了。在研究人们对创新的反应时，我发现第二阶段显然是诉诸理性的阶段，从各方面看，都是最有趣也最具有教育意义的。

第三阶段：西姆斯和华盛顿方面之间理性争论的时期很快过去，随之到来的是互相中伤的第三阶段——人身攻击阶段。当然，这一阶段是西姆斯挑起的，因为他制造了双方之间的紧张气氛，还蓄意夸大了事实。身处华盛顿的上级在西姆斯的报告中做出批注：还有许多和他一样真诚且忠心的人，但远没有他这么难对付。他被误认为是“癫狂的利己主义者”，还被认定为是“处心积虑的伪证制造者”。

越来越多反对的声音没能阻止西姆斯后续的努力，反而使其确信攻击者是一群狡猾奸诈的人，如他所说，狂妄和无知令人无法忍受，这群反对的人也深受其害。因此西姆斯下定决心，不惜一切代价追求改革的胜利。于是，当时只是一名海军上尉的西姆斯做出了一个惊人之举，他直接写信给时任美国总统西奥多·罗斯福，向其报告斯科特的军舰创下的非凡射击纪录，同时还报告了美军射击程序和纪录的弊端，以及美国海军部的不作为。罗斯福总统通常很乐意回应这类诉求，于是他在 1902 年将西姆斯从中国调回华盛顿，任命其为海军射击练习督查。在罗斯福总统执政的余下 6 年中，西姆斯一直稳居其位，其间也发生了许多生动有趣的故事，这里我就不一一细述了。西姆斯离任后，人们都称赞他为“教我们如何正确射击的人”。

了解了这一系列事件（按连续瞄准射击系统的发生时间正叙），现在可以仔细研究一下证据，看看这对社会中变化的起源和人们如何应对变化有何启示，这也是我们当前的兴趣所在。

首先是起源。我们已经简要分析了思想的起源，知道了斯科特是如何“灵机一动”。我认为，现在我们必须扪心自问，为什么西姆斯如此积极地、几乎是孤军奋战地要将斯科特的想法引进到美国海军？这里我们可以回顾一下这则趣事——斯科特和西姆斯都没有发明创新所依赖的工具。他们并没有像人们所期望的那样，因革新工具本身设计的创举而急于提出建议。1892 年，布拉德利·菲斯克（Bradley Fiske）[①] 首次将望远式瞄准镜应用在军舰上。菲斯克是一个非常有创造力的海军军官，那一年他甚至勾勒出了连续瞄准射击的大致草图，但他的瞄准镜被其指挥官罗布利·埃文斯（Robley Evans）贬低为“毫无用处”。1892 年，除了菲斯克，美国海军中几乎没人知道望远式瞄准镜的用处，就像当时除了格罗斯泰特，没人知道望远镜的用处一样。但菲斯克没有为望远式瞄准镜斗争到底，而是将注意力转向了测距仪。6 年后，西姆斯追随斯科特的脚步，接手了连续瞄准射击系统的工作，并摇身一变，成为革命性的工程师。我勉为其难地解释：作为一名发明家，菲斯克从设计新设备的过程中获得了诸多乐趣。他所欠缺的与其说是精力，不如说是舍我其谁的社会责任感，这种责任感能让他将革命性的想法强加到军队中去，但西姆斯不然。而在与引进独创的新型

① 布拉德利·菲斯克（1854—1942），美国海军少将、技术创新者。

武器弱相关的其他专业性问题上，菲斯克表现出了少有的勇敢和正义，从中不难发现工程师的普遍困境：他们常常任由自己独创的产品受他人的摆布和推销，且无力抗衡。这些善于推销的人在商界被称为企业家，在思想界仍被称为企业家。西姆斯是一个困于精心编织的复杂社会网络外围的中年男人（作为一名海军上尉），军衔则是在一个人职业生涯中任何特定时刻明确界定和限制其能力的东西，西姆斯正是被其军衔禁锢，无法将其澎湃的能量释放到和平时期美国海军的常规渠道中。作为一名下级军官，西姆斯的权力就是站在甲板上，看着军舰毫无目的地在平静的外国水域中巡航。斯科特向西姆斯介绍了火炮交战系统的惊人变化，使西姆斯有机会去大显身手，对抗其所处社会中根深蒂固的等级制度。在我看来，西姆斯一方面为自己真心实意地提升专业水平而自豪，另一方面为自己反抗枯燥无味的生活、反抗效率低下的高层、反抗社会结构强加于人的限制（对西姆斯来说，这种限制就是低人一等的下级军官军衔）而感动。

我们简单地研究了一下变化的起源，也观察到了人们对变化的奇怪反应，现在来看看引起这种反应的必要因素。为什么华盛顿方面这种根深蒂固、咄咄逼人又顽固的敌意只有在西奥多·罗斯福的干预下才被消除？既然这场变革能显著地提高一支军队的战斗力，那为何要反对一个记录如此详尽的案例，而这个案例无论从纪录上看还是从经验上看，都无可争辩？一场变革可以大大提高一个社会与其他社会竞争时的存活率，那为什么这个社会中几乎所有的统治者坚决地拒绝这场变革？有一些众所周知的原因，那就是提出变革的倡导者身份卑微、无足轻重——仅是一个身处距华盛顿 8000 英里（约 12 874.75 千米）边远之地的下级军官，这个军官批评的装置和机器正是那群坐在办公室里的人设计的，而他又恰恰将批评意见寄给了这些人。此外，西姆斯还试图在一个安然无恙的领域中宣扬他的改革主张。像在其他事物中一样，优势在战争中只是相对的，美国海军在美西战争[①]中虽然使用的是老旧的炮术系统，依然取得了最终胜利。因此，在 9500 次多角度的近距离射击中，即使只有 121 次的命中率，老旧的炮术系统也是出众的。

还有一些更明显但我认为无关紧要的因素，它们仅用于支持主要因素。不过还有一个不太明显，但在目前看来最重要的因素，那就是美国海军不仅是武装部队，还是一个社会，人们一辈子都生活在这个社会中，试图寻找自己在其中存在的意义。美国内战之后的 40 年里，这个社会被迫适应了一系列技术变革——汽轮机、电动机、威力巨大的膛线炮弹、装有表面硬化钢的装甲车等。这些变革给轮船的设计带来了巨大变化，进而给轮船的使用带来了巨大变化，也给舰队战术甚至是海军战略带来了巨大变化。对于研究社会应对变化的史学家或社会学家

① 美西战争：1898 年美国为夺取西班牙殖民地古巴、波多黎各和菲律宾而发动的战争。

来说，那段时期的海军简直是搜寻有关证据的天堂。

不计其数的创新狠狠地冲击着结构严密的组织，制造出蔓延至整个军队的混乱，美国海军因而迫不得已地对此做出回应。就好比即使船帆不再起到机械方面的作用，它还是被安装在一线船上。就像勒马缰一样，尽管马儿已经不再用于为英军运送野战炮，但保留这个动作帮助军官跨越巨大障碍以实现变革。对一个升船帆的人来说，尽管装甲巡洋舰是在汽轮机的驱动下以 14 节[①]的速度航行，但光是看着船帆迎风鼓起的景象就足以振奋人心。

这种故步自封的态度，并不仅限于军队中那些死板、缺乏想象力的人。阿尔弗雷德·赛耶·马汉（Alfred Thayer Mahan）[②]是一个头脑清晰、思维灵活的人，他在军事战略领域十分有先见之明，也不受任何人身依附关系的束缚，但就算是他这样的智者，也偶尔会受旧思想的摆布。1906 年，他反对建造一种配备单口径主炮的战列舰，也就是现代所使用的战列舰。因为他认为这种战列舰只适用于远程作战，而远距离会让水手产生一种抵触情绪——马汉形象地称之为“不愿靠近”的情绪，还会从生理上和心理上削弱指挥官的士气。换句话说，远距离会颠覆纳尔逊（Nelson）[③]在一个世纪前提出的学说和精神，他

---

① 节：航海速度单位，1 小时航行 1 海里（1852 米）的速度为 1 节。

② 阿尔弗雷德·赛耶·马汉（1840—1914），美国海军军官、历史学家，被称为“19 世纪最重要的美国战略家”。

③ 霍雷肖·纳尔逊（1758—1805），英国皇家海军将领，被誉为“英国皇家海军之魂”。

说，把船开到敌人旁边的船长不会犯太大错误。然而在很久以前，一把能在 6 英里（约 9.66 千米）外击中可能目标的 14 英寸（约 35.56 厘米）步枪就彻底地驳斥了这一学说。当然，马汉也了解并认可这一事实。像军舰上升船帆的人一样，他只是不愿意全盘接受这个事实，也就是说不是人类不再勇敢了，而是在尼罗河河口海战[①]100 年之后，人类不得不以截然不同的方式表现自己的英勇。

我们从船帆的继续使用、马汉的论点或反对连续瞄准射击的事例中，观察到人们对技术变革的盲目反应，那么现在问题仍然是，为什么会有这种反应？老百姓常常认为这种盲目反应完全源于波旁家族的某种莫名不良情绪，这种情绪入侵了军队的思想，但这样的假设是错误的。有一个更合理也更加引人注意的原因，即士兵和水手对变化的反对源于人类正常的自卫本能，尤其是保护自己生活方式的本能。军事组织是建立在主流武器系统基础之上的社会，军人会认为，武器的改变意味着社会秩序的改变，这是本能且十分正常的反应。自古以来，海军社会就建立在水面舰艇的基础上，日常生活、思维习惯、社会组织、物质条件、习俗惯例、礼仪规范和精神忠诚都受环境的制约。如果水面舰艇被飞机这样一种完全不同的武器取代，那么这个社会将会发生什么？社会原有的惯例和结构会岌岌可

① 尼罗河河口海战：英法两国海军于 1789 年 8 月 1—2 日在阿布基尔湾进行的一场战役。

危，事实上它们可能会被完全摧毁。20世纪20年代有一套老生常谈但十分幽默的说法，说的是海军军官之所以坚持不懈地捍卫战列舰，防止其被性能明显优越的航空母舰取代，是因为他们觉得战列舰住着更舒服。单从一个角度看，哪个是更好的论点？众所周知，家才是最好的地方。管他们是拿着抵押证明，还是住在会飞的机器里，谁会想看到住惯了的地方被敌对势力一锤子拍卖？

这种情绪是一种本能的、自我保护意识下的产物，尽管产生这种情绪的原因尚未公开，也不被认可，但它似乎可以很好地解释为什么西姆斯会遭到反对。用那些反对派的话来说，1902年之后的岁月证明了反对西姆斯才是明智之举。炮术改革带来了军舰日常事务、军舰设计和舰队战术等方面一系列极其复杂的变化，还改变了整个海军社会。在炮术不受重视的时期，炮手也不受重视。但在1903年后，炮手成了军舰团体中举足轻重的成员之一，这一重心的转移很快就反映在晋升名单上。每一次变化都会在海军社会中引起混乱，再加上人类令人头疼的深谋远虑和天生不愿打破传统形式的态度，导致华盛顿的上级对西姆斯的猛烈抨击无动于衷。很重要的一点是，华盛顿的上级一直忍到一个来自海军外部且权力高于自己、显然不认同海军社会的人插手此事，强迫海军社会实行变革。

这个人就是美国总统，他合理且合法地承担起提高火炮射击效率的责任，但让军队及有关人员付出了巨大的代价，由此造成的痛苦、猜疑和伤害无法被掩盖，也永远无法被治愈。

整个事件可总结为以下 5 点。

1. 在某种程度上，变化的基本思想是偶然迸发的，但它是在一个包含变化所需的所有基本元素的环境中产生的，而且是在一个意识到变化将至并做好准备的头脑中产生的。

2. 火炮、俯仰装置和瞄准镜这些基本元素是其他人放在环境中的，这些人喜欢设计不同用途的机械工具，或只是对工具本身感兴趣。

3. 将这些基本元素成功组合在一起的是很有头脑的人，他们对工具本身不感兴趣，却对工具的用途感兴趣。当然，这些人对精巧的炮术表现出明显且有意识的兴趣，他们可能还不那么积极主动地参与到支持变革的反抗中，这是由这些人的性情和职业决定的。西姆斯从炮术开始，继续对军舰设计、现有舰队战术和晋升方式展开了攻击。像军中人士说的那样，西姆斯一生就像是一只面对暴风雨的海燕，极具反叛精神的他总在攻击更高权威，虽然他是在为卓越的事业而战，但他仍然是一个反叛者，并且越来越认同自己反抗权威的行为。

4. 本案例中，西姆斯和其同僚遭到了一些人的反对，这些人发自内心怀疑新的射击方法中令人难以置信但已得到证实的主张，保护自己认同的现有设备和工具，维护自己认同的现存社会，而他们显然为自己能考虑到这 3 点而感动不已。

5. 寻求变革之人与维持现状之人之间的僵局，只有诉诸更强大的力量才能被打破，这种力量不受社会惯例、习俗和机制的约束，这一点在我看来十分重要。1900 年，海军社会就曾在努力适应新形势的过程中崩溃。马汉曾总结出一条观点：没有哪支军队应该进行自我改革，或者说没有哪支军队能够进行自我改革，它必须借助外部力量，西姆斯向罗斯福总统寻求帮助恰恰证明了这一观点。

总结出以上 5 点，现在我们或许能像一开始说的那样，从这个故事中找到一些更加有意义的东西。如果能找到的话，那么它对任意社会试图适应变化的过程有何启示？

马汉表示，任何军事组织都不能进行自我改革，这其中隐藏着一个令人不安的推论。众所周知，克里孟梭（Clemenceau）[①]曾说，“战争及备战都太重要了，决不能交给将军们去做”，就连老百姓也认同这一点。但像我之前说的，军事组织实质上是一个社会，虽然相较于大多数团体来说，军事组织的结构更加严密，一体化程度更高，但它仍旧是社会。如果我们把马汉的表述换成“任何社会都不能进行自我改革”会怎么样呢？适应变化的过程太重要了，决不能交给人类去做？这种想法太令人受挫了，而且从历史角度看，还有一些原因造成了这种挫败，那就是在没有痛苦和矛盾的情况下，社会在自我改革和适应变化方面总是不尽如人意。

① 乔治·克里孟梭（1841—1929），法国政治家，曾两次出任法国总理。

这是一道摆在我们面前的课题。我说过，19 世纪 90 年代的海军建立在武器系统不断变化的基础上，同样地，我们的社会也建立在技术不断变化的基础上。在自己不用那么痛苦、社会组织也不用受到那么多损害的前提下，我们如何才能找到方法去接纳因创新而造成的社会混乱？当然，我无法完美地解答这些难题，但是在思考当下我们研究的典型案例时，我有了一个想法，那就是至少应该让那些比我更有资格的人去做进一步的调查研究。

在我们的案例研究中，矛盾和紧张的一个主要根源似乎就暗含在一个重要的词语中，这个词就是我在总结时经常用到的“认同”。我们很难不注意到，一些人认同自己的发明创造——瞄准镜、火炮、俯仰装置等，因而从这些事物本身已经获得了满足，但这种满足阻碍他们进一步思考这些事物的用途或缺陷；另一些人认同自己已有的生活方式，这种生活方式是他们直接继承或稍加改动后接受的，因此他们会从维护这种生活方式所付出的努力中获得满足；还有一些人认同自己是反叛者，因而从反叛行为本身获得了满足。

这种纯粹地认同某种观念、惯例或态度的个人行为对轻松接受变化来说似乎是一个巨大的阻碍。下面介绍一个简单有趣的事例：1864 年到 1871 年间，美国有 10 家钢铁公司开始采用贝塞麦转炉炼钢法炼钢。一开始，所有公司都选择雇用熟悉这种新型炼钢法的英国工人，除了坎布里亚（Cambria）公司。

最初几年，雇用英国工人的那些公司都建立起了自己的优势，但是到 19 世纪 70 年代末，坎布里亚公司后来居上。该公司总裁罗伯特·伍尔斯顿·亨特（R. W. Hunt）在总结公司成功的原因时，将功劳几乎全部归于劳工政策。他说："我们启动转炉炼钢厂时，公司里甚至都没有人见过贝塞麦炼钢厂的外观，所以我们有了一群积极肯干、没有偏见和过往经验的青涩学生。"像其他新技术一样，贝塞麦转炉炼钢法在此 8 年间经过不断的改进得以完善。其他公司里的英国工人对本国原创的技术十分自满，因此故步自封，不乐意改进技术，最终落后于人。而宾夕法尼亚州的那些农村男孩，不受工艺习惯和传统的限制，积极且快速地适应着不断改进的贝塞麦转炉炼钢法，最终为坎布里亚公司创造了坚不可摧的竞争优势。

那么，我们如何才能消除"认同"带来的危害？我们又能在多大程度上干涉"认同"的过程？毕竟我们的安全感，或者说大部分安全感，源于自我对至上事物的忠诚。这些都是非常棘手的问题，故在这里，我只能提出一些欠妥的答案作为临时参考。

如果仔细研究这个小案例，就会发现这其中涉及的人都是极其有限的"认同"的受害者，他们想必是一个整体，同属一个致力推进国防进程的社会，却执着地支持国防进程中各个不同的部分，比如，分别支持现有的防御工具、现有的社会习俗，或反抗社会习俗的行为，他们当中所有的反叛者都会从中获得最大利益。他们可能会说（也确实说过），一门发射得更准、更快的火炮就能加快国防进程。正因为对该类火炮的渴求，他们才有别于其他同胞——这些爱国同胞寻求的只是加快国防进程的更大目标。但是，即使承认这些人的言论既正确又极其宝贵，还值得尊敬和钦佩，也无法掩盖他们对改革胜利的狂热，这让他们自证是好战分子，进而营造出一种激进的氛围，即在没有出现懦弱情绪或犯了错误，又或是两者兼而有之的情况之前，有自尊心的人是不能屈服的。所以这些有限的认同让人们产生了冲突，阻止他们达成共识，接受同谋者都觉得可取的某种变革。

如果我的看法是正确的，那么我们可能需要花一些时间来思考将认同的范围从部分扩大到整体的可能性。比如，相对于保护任何一种独特的炼钢方式，坎布里亚公司雇用的宾夕法尼亚州农村男孩显然对炼钢本身更感兴趣。所以我建议，在研究创新时，我们应该进一步研究这种可能性，即因任意目的而存在的任意团体，如家庭、工厂、教育机构，可以在一开始就拟定一个宏伟的目标，并保证这一目标能传达给团体中的每一个成员。这种定义和传达可以作为一个整体动力，对抗具有破坏性的局部忠诚，而这种忠诚来自组成任意团体的、较小的必然元素。这种定义和传达或许还可以作为一种手段，使人们更容易地接受任何变化，而这些变化又有助于更高效地实现宏伟目标。

此外，似乎还有一种方法来消除有限认同带来的不利影响。我再重申一遍，我们所处的这个建立在技术基础上的社会正处于一个技术迅猛发展的时代，我们的文明义无反顾地忠于进化论。这意味着我们相信变化，如果我们想平安无事，用我之前的话说，就是我们必须构建一个“适应性社会”。“适应性”是指一种从现有机会中获得最大可能回报的能力，也就是珀西·斯科特爵士那种从古今思想和发明的工具中精挑细选再重新排列组合的能力。这里提到的“适应性”还包括一种适应能力，这种适应能力在完好传承的情况下，可以让我们全面轻松地接受不断变化的环境所带来的最好发展前景。

尽管我们试图系统地发展一些能把自身所处的社会变成一个适应性社会的力量，但从情感上来看，我们所处的社会还不能算是适应性社会。我们鼓励探索新的发明，持续激发自己的大脑，让思维活跃起来以自由地找寻新的传输、通信和能源手段。但在某种程度上，我们仍为自身创造力所带来的后果感到震惊，我们努力寻找安全感，因此常常恪守陈旧又无意义的习俗，单纯地扩大物质保障，把我们应该做的决定交由国家这样的权威机构。这些解决方案不一定是反常的或是错误的，但从历史的角度来看，它们还不足以解决问题，而且我怀疑它们永远都给不了我们想要的宁静和能力。

如果上文所述是正确的，那么我们不妨建立一个有关我们这个整体的新观念，在身处巨变时，这种观念认同明智且富有创造力的适应方法，并能从中获取安全感和满足感。我认为，这种观念更多地建立在更加尊重生存过程的基础之上，还更加尊重和依赖社会中任一特殊成果，虽然这种成果像浴室设备一样少得可怜，但也像我们的宪法或民主制度中的某个定义一样，概念清晰明确。

从历史的角度看，这种对过程而不是结果、对涉险一试和适应而不是简单保留及占有的认同很难全部实现。共和国早期的罗马人、15 世纪末至 16 世纪初的意大利人或伊丽莎白时代的英国人似乎最善于把握新的机遇，但他们同时又保留了许多与自己意图相契合且有用的传统。

我们似乎进入了和他们相似的时代，当前许多现有的形式和计划都在瞬息万变的环境下失去了意义。我们可以像他们一样，让自己在适应环境巨变的过程中寻求解决办法，从而分享他们在迎接瞬息万变的时代时那种喜悦、兴奋、满足和安全感。

我痛苦地意识到，在设定用于研究的历史情况时，自己从某种意义上人为地设计了这种情况，我被迫切断了很多（即使不是全部的）连接历史事件的组织，只向大家展示了最核心的基本内容，甚至只展示了其中的几个关键点。因此，这个事件已经失去了许多真实存在的微妙性、生动性和引人入胜的不确定性。在叙述的过程中，不可避免地存在一些歪曲事实的情况，但我希望，即使有所夸张，其基本事实依然未变。我深知，自己是在单个事件提供的单薄证据中建立起详细的假设。对此，我需申辩，我希望能提出一个可行的、与课题相关的研究途径和方法，以及明确知道在哪些领域能做出成果。因为在我看来，身处不断变化的社会，这对我们的生活和福祉至关重要。

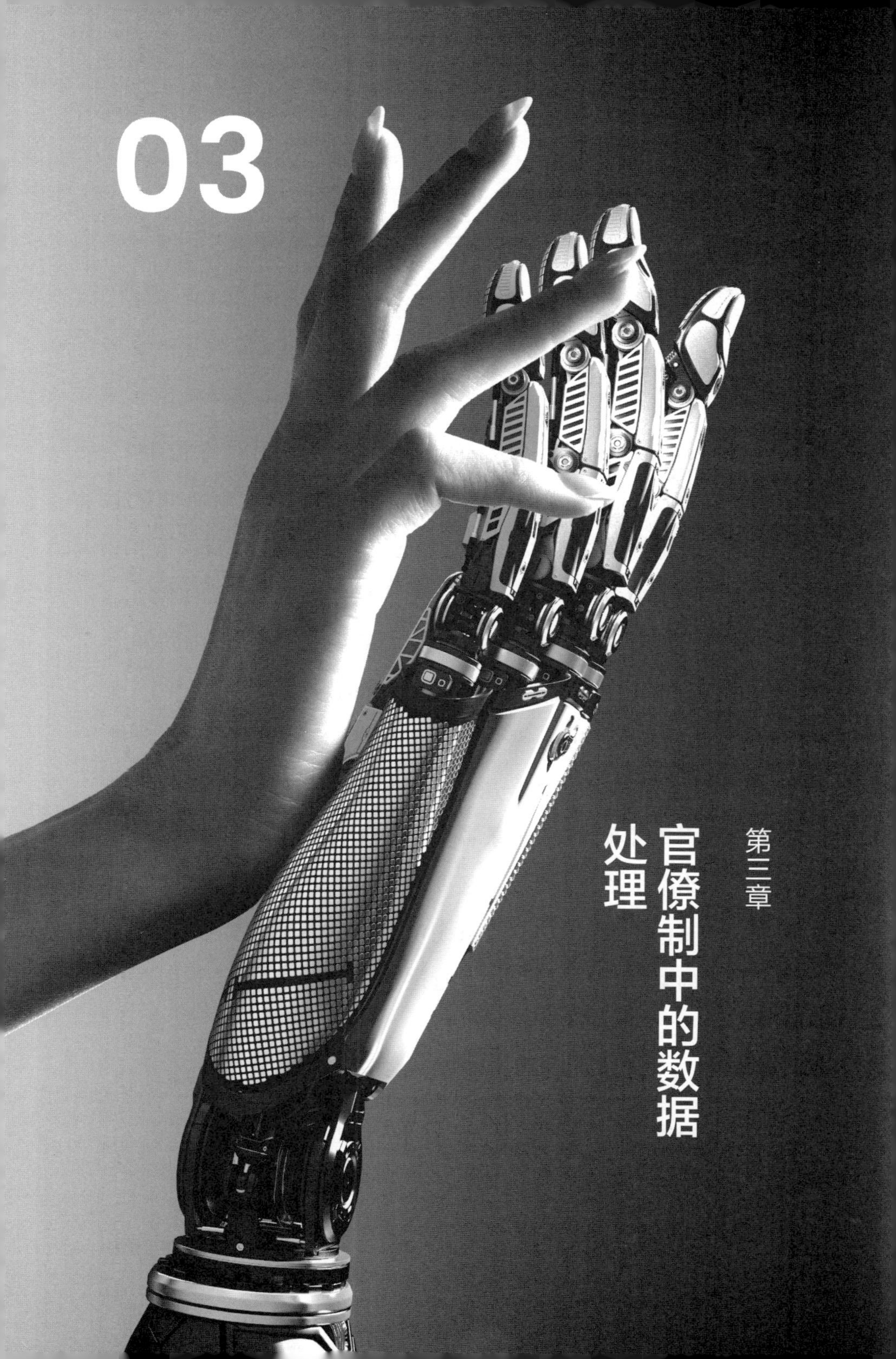

03

第三章 官僚制中的数据处理

我本意是在大家开始讨论前，给出“官僚制”（bureaucracy）的准确定义，这样大家就能带着这个定义进行后续的阅读和讨论。除此之外，我还打算讲一下“官僚主义行为动力学”[①]。为此，我尽了一个为人师者的本分，查阅了参考文献、专业期刊和相关书籍，还咨询了我的同事，无非就是想为“官僚制”一词给出准确的定义。

以下是我找到的一些定义：官僚制是一种体制；是一套规则；是地位和文书工作；是自成一体的小世界；是任何一间配有地毯、单独预算、2台录音机、8部电话、10个文件柜，以及比组织结构图[②]上标明的还要多出3个秘书的办公室。但如大家所见，除了最后一个，其余定义都不准确，都不能作为我们讨论的基础。在我的研究接近尾声时，我发现一个英国文官

① 本篇文章最初是在1957年为威廉与玛丽学院的学生研讨会准备的，旨在向学生介绍他们整个学期将要研究的官僚制本质。

② 组织结构图：标明一个组织的各部分之间可能存在的各种关系的一类图表。

队伍的学生曾说过这样一句话："人们就官僚制做出的任何评论几乎都是建立在事实基础上的。"于是我放弃查阅学术著作，转而从字典中寻找答案。

我在字典里查到，官僚制是指部门的管理。这个定义部分正确，但对我们理解官僚制帮助不大。我还查到了这个词的词根，它源于拉丁语"burra"，"burra"的意思是剪羊毛，由于剪下来的羊毛要织成布料，过去人们又常常将布料铺在桌子上，而"桌子"又常用于指代各个帝国的政府，进而就演变成了官僚制。这里我注意到"burra"还作为词根组成另一个与官僚主义行为有关的词，这个词特别出现在吉尔伯特与沙利文（Gilbert and Sullivan）[①]的作品中。"burra"的词义从"剪羊毛"到"心不在焉""头脑不清""胡言乱语"，再到"滑稽剧"，整个演变过程非常简单、顺畅。

我从这些研究中明白了一件事。为了准确定义官僚制，我咨询了大概 10 个朋友，从他们的回答中我注意到一些有趣的事情。首先，我向他们说起"官僚制"一词时，他们都知道个中含义，但未能给出一个确切的定义，只是讲述了一些与之相关的故事。这些故事都是引人发笑、私密且充满讥讽意味的，并且在实质和内容上与几年前一个海军舰长给我讲的故事别无二致。

---

① 吉尔伯特与沙利文：分别指威廉·吉尔伯特（1836—1911），英国剧作家、文学家、诗人；亚瑟·沙利文（1842—1900），英国作曲家。两人因合作了 14 部喜剧而闻名于世。

他写了一份报告，提出要改革海军部的工作程序，还千方百计地想要拿给别人看，但屡屡碰壁。在总结自己失败的原因时，这位海军舰长伤感地说道：“改革海军部就像踢一块儿海绵一样，毫无反应。”

由此，我想表明自己的第一个观点。在后续研究中，我开始意识到，在讨论官僚制时，人们谈到的事情难以限定在某些范围内，就像无法将一块海绵捏成某个特定形状一样。我请求朋友给官僚制下定义时，他们并不直接回答，而是借助个人故事侧面揭示官僚制本质，这种本能行为也是完全合理的。字典上只解释了官僚制的一部分意思——部门的管理，也就是说它只是一种管理体制和组织结构，这导致我难以接近这个研究对象。大家可以在纸上画一些方框，并用线条相连，再描述一下要分配的工作和职责，就可以得到一张官僚制信息流程图，但你们画完这张图后，也只是了解到官僚制的部分本质而已，而且我怀疑它只是极少的一部分。官僚制还可以是一种环境、一种氛围、一种普遍的思维状态，我想可以用这层意思来解释为什么我的朋友要用一些故事来回答我的问题，还可以解释为什么对官僚制最贴切的描述出现在小说中而不是学术著作中。相较于学历史、管理或政治学专业的学生，小说家可以更好地处理某些特定的情况，还能更好地处理某些情况下自然堆积的各种人类情绪，他们会让一个人感受并思考在官僚制的氛围中发生了什么事情。因此，我希望大家在本次研讨会中能试着读一读马库斯·古德里奇（Marcus Goodrich）[①]写的《德莉拉号》（*Delilah*），或安东尼·特罗洛普（Anthony Trollope）[②]的政治小说，又或是卡夫卡写的《审判》（*The Trial*）——据我所知，这本书是对官僚制最全面、最出色又最令人胆寒的研究。

官僚制是一种思维状态或氛围，也是一种管理体制，那么问题来了，在我们主宰的时代，如何有效地探究这种氛围呢？

我认为，最好的方式就是从侧面击打这块海绵。像在墨迹测验[③]中那样，向任意一个人抛出“官僚制”这个词，看看他面对该词时会想到什么事情，然后用一些支持性的历史证据来看待这些特定的事情，或许就会得出一两个初步结论。我想到的大部分历史证据都来自美国陆军或海军的记载，这是因为我对武装部队的历史更熟悉。但无论如何，使用这样的证据在我看来是颇有优势的，军队的情况要比社会生活中的情况更确切、更清晰，也更绝对。和平时期的军事社会有点像实验条件下的现实社会，在这种条件下进行研究，可以得到更好的实验效果。对事实的轻微扭曲不会损害我对任何官僚制运作提出的基本观点，无论这种官僚制是用于管理一支武装部队、一个社会、一家企业还是一所大学。

---

① 马库斯·古德里奇（1897—1991），美国编剧、小说家，1941年出版《德莉拉号》，书中描写美军德莉拉号驱逐舰1916—1917年在菲律宾及附近海域的活动，情节大致基于作者在“昌西”号驱逐舰的亲身经历。

② 安东尼·特罗洛普（1815—1882），英国小说家、维多利亚时代公务员。

③ 墨迹测验：也称罗夏测验，是一种心理学测试方法，让受试者看一套经过精心制作的墨迹图，通过受试者说出自己所联想到的图案来推测其人格和心理。

一提到“官僚制”，我猜大家首先想到的就是“文件”。如前文所述，“官僚制”一词源于一个与在桌子上写字有关的拉丁词语。许多有关官僚制的民间传说都围绕“文件”展开，比如大家都知道一个老掉牙的笑话——把文件按字母顺序归档之后再一把火烧掉，这个笑话体现了官僚主义做事方法的本质。还有一个相对好一点的笑话，它是真实发生过的事情，能让我们进一步地了解官僚制。60 多年前，美国陆军最有权力的军官是一个只受过医学实践培训、从未在战争时期或和平时期指挥过军队的人，只是因为发明了“卡片索引法”，就被擢升为了少将，这个人就是弗雷德·克雷顿·安斯沃思（Fred Crayton Ainsworth）。当时的情况是这样的：在第一届格罗弗·克利夫兰（Grover Cleveland）政府时期，当时还只是中尉的安斯沃思被委派到了退役金局[①]，那时国会议员几乎每天都要求提供关于正在申请退役金的士兵的兵役信息，但退役金局的人常常要花上 6 个月的时间才能给予答复。安斯沃思中尉来到退役金局一年后，国会议员想要的信息在申请后的 24 个小时内就能得到回复，这种具有革命性的工具就是安斯沃思设计的卡片索引法。

安斯沃思因此声名鹊起，还和国会议员建立起不错的关系，从此飞黄腾达。到 1905 年，安斯沃思已是美国战争部[②]的陆军

---

① 退役金局：存在于 1832—1930 年，是美国联邦政府一个单独管理军事人员退役金的机构。

② 美国战争部：美国陆军部前身。

副官，管理一间办公室，负责整个部门的书面记录和往来信件。

这是一个非常重要的职位，我想如果大家理解了这个职位的本质，就能更深层次地理解官僚制。假设在某个星期，这位陆军副官的办公室陆续收到一封来自工程兵团的信件，信中提到要在怀俄明州的罗素堡建造军营；一封来自通信兵团的信件，提出要在军营里安装电报系统；人事部门传达命令要将布朗军官调离罗素堡；还有供应兵团为布朗军官准备差旅费的文件；等等。1 个星期内，大约有 50 个与罗素堡利益相关的命令和文件送至这位陆军副官的办公室，他就以这样的方式充当起陆军文件的交换中心。于是，1 个（而不是 3 个）兵营准确地建在了陆军测量员挑选的位置上；军营一建好，电报系统就装好了；布朗军官在琼斯军官来接替他的职位时就被调走了。罗素堡得以顺利运作在很大程度上归功于安斯沃思将军管理的办公室，办公室的职员巧妙地将所有零散的信息整合进一套适用于罗素堡日常运行的模式。

我说过，安斯沃思将军的职业生涯揭示了许多官僚制的本质。由于其十分擅长收集、归档和整理文件，因此名声大噪。但是还有更多值得注意的事情，比如，安斯沃思将军办公室收到的文件来自许多不同的地方——人事部门、工程兵团、通信兵团和供应兵团；这些文件上写着关于人员、资金、机器和建筑材料等不同的信息；所有这些信息又被整合到一个智能模式中，使得罗素堡的整个团体能够合理、和谐地正常运作。这就是设立一个部门的初衷，也是让安斯沃思将军成为一个伟大官僚的原因。他认识到自己必须轻而易举地获取并整理信息，再将信息整合到一个各部分相互关联的模式中，以便其他人能在其中做出决定并采取相应的行动。在我看来，这正是官僚制的真正要点，它就是一个数据处理机器，就像著名的“通用自动计算机”（UNIVAC）。与 UNIVAC 一样，官僚制也是一个计算机系统，用于接收并处理体量庞大的信息，这些信息单靠人脑无法全部掌控，也无法从大量的差异化数据（一种有用的综合体）中提取。

我再给大家举一个例子。25 年前我上大学时，经常有人告诉我，我们的校长有一个小黑本，上面记着所有教职工的名字、教学科目和酬劳，知道了这些信息，再加上一名秘书，他就能制定合理的教学政策，从而管理整个校园。现在，我的母校除了校长，还多了一名教务长、一名副校长，以及许多学院院长、特助、主任和不计其数的特设委员会、常务委员会。换句话说，这所学校建立起了官僚制。也许会有人疑惑：为什么校长不能把学院院长赶走，再买个小黑本来管理校园？因为如今的校园太大了，校内设有一些基金会资助的研究中心、与政府利益相关的实验室，还创建了洛厄尔（Lowell）[①] 校长在任时想都不敢想的新院系及知识研究领域。我想说的是，这所学校就像人类

① 阿博特·劳伦斯·洛厄尔，美国教育家，1909—1933 年任哈佛大学校长。

世界一样，发展得越来越壮大、越来越复杂，也越来越多样化，单凭一位领导者或一个小黑本，根本无法掌控所有必需的信息以做出明智的决策来管理整个校园。这也是为什么在任何社会制度中，官僚制都是以一种井然有序的方式收集、储存和供应信息。

关于文件还有两个值得注意的地方。我在前文提到的信息都是写在纸上的，这有其优势，比如，你可以保留这份纸质文件，而不用单靠自己的记忆来保存信息；也可以把记录信息的纸质文件归档，需要时随手取用；还可以随意移动记录了信息的纸质文件，并按照不同的目的把它们整合到一起。换句话说，因为你能掌控记录信息的纸质文件，所以才能掌控所需的信息来制定决策。但是把信息写在纸质文件上也有一些缺点：由于工作人员与纸张打交道的时间太多了，于是他们会给予纸质文件本身过多的重视。他们可能会全神贯注于文件的接收、初始化、指定发送、归档和储存，却完全忘记了要读取文件上的信息。在他们看来，纸质文件本身可能比上面记录的信息更重要。这是一种自然趋势——纸张耐用、实际，还易于操控，它看得见也摸得着，不像信息和想法那般变化无常、难以操控，还看不见摸不着，甚至可能都用不到。工作人员也是普通人，他们宁愿冒着失去生命和名誉的风险去记录一些死板的实质内容，也不愿触碰那些虚无缥缈的东西。因此，他们通常更担心纸质文件在何处，而不是纸质文件上记录的信息有何变化。

关于官僚机构的文件，还有一些值得注意的地方。有些东西不能写在文件上，这一点任何明智的人都会考虑到。举个例子，你可以写下将布朗中尉调离罗素堡的命令并报告给伊森·艾伦堡，但你不能把布朗中尉对此的感受写在文件上。所有具有解释性、修饰性和歪曲性的内容都不应出现在官僚机构的文件上，所以这些文件难以引起紧迫感、不确定感、变化感和成长感，以及所有侵扰人类处境的陌生情感和态度。换言之，官僚机构对文件的关心或许超越了对人类自身的关心。当然，这往往会在办公室工作人员与其所处理的具体情况之间产生阻碍，还会使工作人员失去紧迫感和行动力。毫无疑问，这就是那么多官僚机构的文件都用第三人称单数中性词和被动语态来书写的原因之一。比如，“虽然获悉第 123/08 号来文中所述状况，但据第 124/35 号来文准备并提交以下声明……（In compliance with communication 124/35 the following statement has been prepared and submitted although it is recognized that under existing conditions as described in communication 123/08…）”这些只言片语给人的感觉是，这些句子根本不是人写出来的，而是凭空出现的。

在把官僚制留给你们研究之前，也许我应该再讲一件关于文件的事情。由于文件能保存，所以写在文件上的信息也能保存。文件就在那儿，所以人们可能会重视它、使用它。这还会导致一种趋势，即政策的制定基于信息，政策的执行会囤积大量的信息，即使如今不再需要这种政策，人们也会去保护已经积累起来的信息。

这就引出了我在提到官僚制时想到的第二件事情——“繁文缛节”，用一种更庄严的措辞可称之为“规章制度”。从某种意义上来说，规章制度只不过是各个部门从自身获取的信息中得到的概括性结论。综合来看，制定规章制度可以为管理部门的设立提供可参考的行为模式。例如，美国证券交易监督委员会从经纪人、银行家、联邦官员、经济学家和商人那里获取信息，再在这些信息的基础上，建立一套规章制度来规范市场运作者的行为。规章制度是维持社会平衡协调运作的一种方式，是让我们这个微妙且复杂的庞大社会井然有序的必要手段。那么，规章制度还有哪些需要了解的呢？

首先，制定一项规章制度，要比废除一项规章制度容易得多。60 年前，美国陆军有一个名为“官兵总名册”的东西，详细记录了每一名士兵的兵役档案。根据规定，每个陆军哨所在每个月都要向战争部呈递补充材料，以完善官兵总名册上各士兵的档案记录。1913 年，有人提议将官兵总名册上的信息与负责医疗和薪酬支付的办事处所保存的档案记录合并起来，这样可以节省时间和财力，也不会再丢失士兵的信息。于是如今的官兵总名册徒留一个神圣的虚名和传统，一些士兵整个服役生涯都在收集和录入名册上的资料；另一些士兵，身处各个偏远哨所，则在风平浪静的闲散日子里找到了幸福的差事——准备每月呈交的报告。例行公事、荣誉报酬、方法论、行政机构甚至是生活都围绕着维护这项规章制度而建立。后来有人提出要废除官兵总名册，并引发了一场激烈的争论，一名将军在还没发生变革前，就被迫从军队辞职了。

其次，即使有时严格遵守规章制度不大合适，但相对于费尽心思制造合理例外，遵守还是更容易的。这里有一个从 19 世纪的英国海军中流传下来、十分有趣的典型案例，那时有项规定：海上所有的军舰每年都要组织一次射击练习。舰上没有人喜欢这项规定，因为射击练习要花上一整天的时间做那些生疏的苦差事，对提高水手们的射击能力却几乎毫无作用，还会弄脏枪炮和擦得发亮的金属部件，于是大家都心照不宣地尽量拖延这项活动。之后，一艘独立执行任务的军舰把练习时间直接拖到最后一天，结果舰长和枪炮长惊恐地发现海水从弹药库流了出来，储备的军火都不能用了。但是他们还有一次射击练习没组织，还要准时给海军部呈交练习报告，但组织练习显然已不可能了。该怎么办呢？向海军部解释一下真实情况或许是一个简单且直接的办法，但舰上的“机灵鬼”灵机一动。枪炮长把毁坏的军火放在船边，拿出海军部的表格，再经过巧妙的计算——计算过程一定很有趣，最后，所有口径的枪炮射击分数都被填到了表格中。

到目前为止，一切还算顺利，但对一个军官来说，这样做略有不妥，于是这位枪炮长又做了一件非常聪明的事：他把报告撕成小块儿放进给海军部的公文箱中，然后又放进去6只蟑螂。这个精心准备的公文箱就这样被送到了海军部。

大概一年后，海军部负责所有军舰射击练习报告的官员将这些报告统计出来（或许还做了研究），再经过勤勉的职员进行整理，最后运送回国。那艘把蟑螂放在公文箱的军舰按部就班地执行了一年的任务后，收到了从伦敦寄来的快信，信上说该军舰一年前的射击练习记录在运输过程中被蟑螂破坏，要求对照那次练习记录的副本再抄送一份。这艘军舰及时回了信，称准备那份报告的枪炮长已经调任至其他军舰，记录副本也被一并带走。从历史上看，一次危机就悄无声息地解除了。

从这件小事中可以提炼出很多有趣的东西。这里我们再次注意到，在官僚制结构中，遵守规章制度而不是破例的情绪已经高涨。顺便说一句，这可能表明了部门进行管理与负责人进行管理的区别。如果负责人非常明智，那么他知道自己的职责就是在一般规则中制造合理例外，一个部门则知道自己的职责是制定规则。在上述事例中，遵守规则通常可以维持事物的表象，尽管实际上该事物已完全不同。遵守规则在这个事例中听上去很有趣，但如果换一种情况，就会变得十分危险。在一般规则无法适用于现实情况时，为了尽可能符合现实，就会出现例外，所以在这种情况下，如果一个人遵守了规则，他就脱离了现实。

这种对规章制度的信奉发展到极致的话，会营造一个自成一体的世界，在这个世界里，形式、程序、规则和规章制度都具有某种人为自然法则的约束力。人们生活在其中，好像这个世界就是真实的，没有射击报告不是因为没有枪炮，而是因为出现了蟑螂。托尔斯泰在其著作中描写沙俄时期官僚制下社会的发展情况时，也完美诠释了上述情形，沙俄时期的官僚制脱离了当时社会的真实情况，可以说两者在整整一个世纪都处于剑拔弩张的状态。选文略长，但它能为我们从很多方面理解本次讨论的目的。

> 事有凑巧，著名的6月2日委员会里提出了扎拉伊斯科省的田地灌溉问题，此事归阿列克谢·阿列克桑德洛维奇（Alexey Alexandrovitch）的部门管辖，正是徒劳无益的开支和官僚式应对问题的范例。阿列克谢知道这是实情。灌溉扎拉伊斯科省田地一事是由阿列克谢的前任开始的。事实上，用于此事的开支已是天文数字，且还未完结，但收益甚微。阿列克谢上任后立刻就意识到这一点。他曾想过插手这件事情；在最初，他感到自己地位还不太稳固，毕竟这会触动多方利益，贸然行事不是明智之举；而后，他转向其他事务，此事索性一再搁置。它，就像其他事情一样，习惯性地发展下去。（很多人靠这件事养活，尤其是一个德高望重的音乐家族：女儿们都演

奏弦乐器。阿列克谢熟识这家人，还为一位大女儿当过主婚人。）这件事被敌对的部门提出来，在阿列克谢看来，是不公平的。因为每个部门都棘手，出于众所周知的官场规则而无人提及。不过现在，如果说已经有人向他宣战，那么他勇敢迎战也未尝不可，要求指定特别委员会研究并审查扎拉伊斯科省田地灌溉委员会的工作；但他也不会善罢甘休。他还要求指定一个安置土著的特别委员会。土著安置问题是在6月2日的委员会上偶然提议的。因为解决土著的悲惨处境不容拖延，所以阿列克谢极力支持。这件事在委员会上引起了几个部之间的争执。与阿列克谢敌对的那个部指出，土著的处境实则极其繁荣兴旺，拟议中的重建可能会毁掉他们的繁荣，如果有什么不好的话，那也是由于阿列克谢的部没有履行法律所规定的职责。现在阿列克谢打算提出要求：首先，组成一个新的委员会，指派它去实地调查土著的状况；其次，如果土著的处境的确如委员会手头掌握的官方材料显示的那样，就要再指定一个新的专家委员会，调查土著这种凄凉处境的成因，从政治、行政管理、经济、人种学、物质上以及宗教的角度着手；再次，要求敌对的部报告近十年来部里为预防土著面对所处的不利状况所采取的措施；最后，要求部里解释，就

1863 年 12 月 5 日以及 1864 年 6 月 7 日送交委员会的 17 015 号和 18 308 号报告来看，为什么该部在做法上直接违反了基本法与组织法某卷第十八条以及第三十六条的附注。阿列克谢的脸上浮现出兴奋的红晕，他迅速写下这些想法的概要。写了满满当当的一张纸后，他站起来，打了个铃，给了办公室主管一张便条，要他提供自己需要的参考材料。阿列克谢起身在房间里来回走着，又望了望那张画像，皱皱眉头，轻蔑地笑了。[①]

关于规章制度还有最后一件事，即规章制度有成倍增加的倾向。这种倾向存在的原因很明显，我给大家举个简短的例子：我的大女儿在去年夏天驯服了一匹马，让它乖乖戴上了马具。我女儿一开始教那匹马在一个指定的信号下起跑，再在缰绳的拉动下左右转弯。当然很快她就不满足于只让马起跑了，她还想让马停下来。于是她继续训练这匹马，教它后退、掉头、行走、小跑，但从来没教过它慢跑。等我女儿完成这些训练时，这匹可怜的马已经被困在一整套规则和程序当中，挣脱不开了。同理，任何程序设计出来都是为了在一个活动模式中组织规划人类的能量。为了让这个模式正常运作，人们要消除所有不确

① 引自列夫·托尔斯泰所著《安娜·卡列尼娜》，于大卫翻译，天津人民出版社，2019 年 4 月版。

定性和可能会扰乱其正常运作的可变因素。因此，每个调控机制都倾向于将规则延伸至整个人类的活动范围，形成一套越来越有约束力的规则，人、机构和企业都必须在这套规则中运作。这就是调查问卷越来越冗长、规章制度越来越琐碎、“繁文缛节”一词颇受鄙夷的原因。

当提到官僚制时，我脑海中想到了第三件，也是最后一件事。这件事不像文件和规章制度用一个词就能概括。我的一个朋友听说我要和在座的大家探讨“官僚制”时说道：“告诉学生们‘他们’是谁。”我突然想到，或许“他们”这个词最能囊括这件事。关于“他们”的特点是，他们很难被发现，也很难被识别。几年前我认识一个人，他想查出是谁在负责美国一所重点军校的课程，于是他走遍了那里每一个可能和教育有关的部门。但他发现这些部门里没人知道关于课程设置的事，也没人明确表示认识一个与此事相关的人。最后，他在一个奇怪的角落偶遇了一个普普通通、上了年纪的小老头儿。这个人多年来一直在军校工作，几年前学校指派给他一项任务，让其考虑调整课程。从那以后，此人就一直在这个无名的岗位上负责这所军校的课程。

还有一家大型制造企业的例子。像其他公司一样，这家公司也分为销售、财务、设计等几个独立的部门，部门之间按照程序手册上写的规章制度协作。显然，负责程序手册的人在公司运作中充当着十分重要的角色，而他们只是公司制造部生产科一个小组的成员。他们以一种十分有趣的方式声名远扬：很久以前，制造部重组，这个小组为该部门制定了一套新的程序，通过这一行为，他们将自己塑造成公司里的程序专家。因此，每当需要一项新的规章制度时，在官僚主义的作用下，事情就抛给了这个小组，小组的成员们就这样在不知不觉中逐渐建立起对公司程序的垄断。如该公司的一名员工所说："最终的结果就是，在某个部门的无名小角落里，一群无知的人正在为公司的所有部门制定基本规则，因此也控制着关乎公司运作的重要事项，这会导致十分荒唐的结果。"有一次，这家公司要制定一个方案，投标一项新业务，但据说，"这一程序涉及跨部门协调、批准、修正和记录等十分复杂的活动，相当于重建公司的体系，因此无法出具这一方案"。这个例子有趣的一点是，该公司不同部门的员工很少能意识到，自己之所以会对自身的工作表现感到沮丧，是因为"他们"在鲜为人知的角落制定着用于协调公司整体的程序，只有等到新总裁对公司进行重组后，员工才能了解并消除问题产生的根源。

关于"他们"，还有一个观点是针对在官僚体制内工作的人群。一个部门，无论是某个大型公共机构还是某所大学的某个系，抑或是某个大型企业，常常为厕身其中的人创造出一个世界。这个世界有特殊的职责、精确的分类、有序的规则、日常的程序、熟悉的面孔以及无人不晓又清晰明确的界限，舒适、惬意又不受风雨侵袭。但即使是在这样受庇护的世界里，人们也有欲望、野心和骄傲，他们有时会争权夺利，想方设法地提高自己的地位，并在这样的斗争中迷失自我。

回到官兵总名册的例子来说明这一观点。围绕官兵总名册的斗争是这样开场的：美国总统在联邦政府设立了一个经济与效率委员会，该委员会审查了政府的每一个部门，提出要改进政府处理事务的方式。战争部过分注重文书工作，因此建议合并官兵总名册和其他记录信息，而负责编制该名册的陆军副官极力反对。陆军参谋长给副官发送了一份关于官兵总名册的建议报告，副官并没有理睬，这一招在大型机构中通常是十分有效的。没过多久，参谋长又发送了一份报告，这回副官予以反击，他用详细的论点和数据进行争辩，接着又十分粗鲁无礼地说了一些参谋长的坏话，说他没有脑子、根本理解不了官兵总名册的必要性。参谋长对副官的冒犯愤怒至极，他将报告拿给战争部长，准备将副官告上军事法庭。然而在开庭前，该副官就辞职了，官兵总名册也因此被废除了。

这件事中有几个要点需要注意：这场斗争表面上关乎官兵总名册的存废，实则是关乎谁在控制战争部的实权——到底是掌管文书的副官，还是负责战争规划和维持军队高效性的参谋长？这是历任陆军副官和参谋长之间持续多年的斗争：他们争论谁的办公室应该紧挨着部长办公室，谁应该管理征兵站，谁应该给军官指派任务。举个例子，有一次参谋长命令一名军官从华盛顿到俄勒冈执行特别任务，副官却拒绝批准差旅费。十多年中，官兵总名册也是这场斗争的一个插曲，它导致一名副官辞职、一名参谋长被送进了医院，这场内斗也使战争部的许多部门陷入了瘫痪。

有趣的是，没人承认这场斗争的实质，他们为差旅费、任务分配和官兵总名册而争斗，却从不承认他们其实是在为权力而争斗。大家或许注意到了，这场斗争甚至都不是由具体情况的利弊而决断（即由官兵总名册的用处决断），而是由战争部长因为副官粗鲁的言语而决断，所有这些就像《爱丽丝梦游仙境》（*Alice in Wonderland*）中的世界一样引人发笑。但需要指出的是，双方意愿的冲突在这个奇妙的世界里进行时，美国陆军的真实世界却在遭殃。人们没有太多时间去思考陆军的特定需求，比如，军官没有从华盛顿赶到俄勒冈是否会造成损失，以及陆军是否真的需要一本官兵总名册。

在我们进行总结前，还要就官兵总名册说明一点。我们注意到，这一事件中提出问题的是外部机构，即总统设立的委员会；解决问题的也是外部机构，即战争部长。回想前文介绍的某公司程序手册的例子，也是靠新任总裁和部门重组解决了问题。在我看来，这一点很重要。作为一个自我封闭的世界，部门很难进行自我改革，它习惯于固定的结构，人们竞争的热情和能量在其中彼此对抗，每个局内人都过分沉迷于这个特殊的世界，因此它高度依赖外部刺激来迫使自己做出改变。

那么从这些杂乱无章的故事和思考中，我们能总结出什么呢？我希望大家至少能得到三个大概印象。

我希望大家得到的第一个印象是：官僚制是将人的一部分意志表达出来的有益尝试。它表现为人类努力让自己成为理性的存在，用观察到的数据得到合理的结论、计划、方案以及假设来做出决定，并采取明智的行动，进而塑造自身；它表现为人类这种政治动物或社会动物想要在一个团体中工作并与他人合作的欲望，以及想要建立普遍规则来保护团体免受随机的个人能量侵害的欲望；它表现为人类将秩序、一致性和可预测性引入其处理事务方式的强烈需要；它还表现为人的这部分意志想要减少人类生命中的危险并安稳生存的希望。

我希望大家得到的第二个印象是：由于控制不力，官僚制往往会排斥人的另一部分意志。尽管人类是理性的，但他同时也是生物学概念上的有感情的人。人不光靠智慧行事，还靠本能、直觉和感受行事。尽管人是政治动物，是社会动物，但同时他也是独立的个体，非常与众不同。他有独特的个人需求、恐惧和欲望，甚至还有一种孤独感。尽管人类迫切地想要秩序和安全感，但也坚持特立独行，执着于无序甚至是充满挑战的行为，而这种行为能使人类创造出许多真正富有想象力和创造性的作品。但身处官僚体制会让人类与自身的这部分意志产生精神对立，正是意识到这一点，人们在谈到官僚行为时才会经常采用讽刺、尖酸刻薄或不安的语气。

我希望大家得到的第三个印象是：当人们把一个行动方案或一个项目放在一个机构或者我们所说的一个部门内时，在机构严格的规章制度下，它常常会失去新鲜感和吸引力，而为项目工作的人们会陷入权力和地位的复杂斗争中，忘记了自己存在的目的。他们会发现自己处在19世纪海军部长的位置上，据说这位部长曾经抱怨，就在自己将部门所有事务打理得井井有条时，战争来临，一切毁于一旦。任何机构和部门本应负责处理外部情况，它们却迷失在内耗中，失去了对外部状况的察觉和反应能力。这也是人们在谈到官僚制时语气充满嘲弄和惴惴不安的另一个原因，他们觉得权力都掌控在那些毫不关心自己的人手中，那些人甚至都不知道自己的存在。

以上就是我希望留给大家的大概印象。最后我想谈谈为什么我觉得大家应该思考这些问题，以及为什么要就这个话题开研讨会。这次研讨会表明，如今，官僚精神按捺不住地想要渗透到人类所有事务中去，我们却没有得到足够的保护，于是焦虑情绪日益高涨。这个复杂又让人心烦意乱的世界里还有一种不安情绪，那就是我们对秩序和安全的需要可能会把自身拖入官僚主义的旋涡。

这么说当然是有证据的。在美国人口翻倍的同时，联邦政府在册公务员的数量也增长了70倍。在我们大多数人工作和生活的企业中，官僚结构已经非常完善。关乎我们所有人的形式和规章制度也达到了前所未有的数目，约翰·斯图亚特·穆勒（John Stuart Mill）[1] 所说的那种"每个人独立的圈子"正渐渐消失。

在我看来，穆勒的话在今天依然言之有理。论证官僚精神的证据表明，当今时代充满变数，官僚制是保持我们这个复杂多样、精细脆弱的社会不分崩离析的必要形式。但我也认识到，这些证据还是一种预兆，如某些人相信的那样，我们可能会在真正到达1984年之前，就发现自己已经处在1984年的世界中了。

对此，我持乐观态度，原因有若干，这里简要说明其中两点，希望之后能就这两点进行更详细的讨论。我们所说的官僚制对固定统一的解决方案青睐有加，因而能在静态环境中蓬勃发展。在19世纪，官僚制与沙俄牢牢捆绑在一起，因为这个国家当时处于深受压迫的农业社会阶段，处处都有严格的阶级壁垒。除非进行彻底的革命，否则这样的社会根基很难被撼动，当然沙俄后来也的确爆发了革命。如今，我们拥有了一种不断变化的工具——科学和技术，我们在科学上的发现很快就能转化为技术上的应用，从而在环境中产生稳定的干扰。新的生产方式、运输方式和分配方式不断涌现，挑战着我们信奉的习俗和规章制度。对规则固定的官僚精神来说，它更难在这样的环境中找到立足点。像我之前提到的经济与效率委员会，或摆脱程序手册的企业总裁一样，科学和技术就是一种外部影响力，不断干

---

[1] 约翰·斯图亚特·穆勒（1806—1873），英国哲学家、政治经济学家、公务员，古典自由主义历史上影响力最大的思想家之一。

预并打破官僚制的平衡。

当然我们还有自己。虽然我们这个群体十分庞大，虽然我们各有所长，虽然我们每个人都淹没在各大阶级、企业和由牧场式住宅组成的社区中，但我仍然认为可以相信完整而独立的自己。如果我们合理保留建立在个人自由基础之上的传统；如果我们在传统的通识教育（这种教育旨在培养个人的创造性智慧）而不是职业培训或技术培训中认识自己；如果我们保持活力，积极应对瞬息万变的世界中不计其数的可能性；如果我们能大胆设想每个人都值得长生不老，就有办法摆脱组织和官僚主义者的命运。从很大程度上来说，我们的意愿取决于自身的恐惧程度，更取决于我们在多大程度上允许恐惧支配自己。幸运的是，这一点由我们决定。

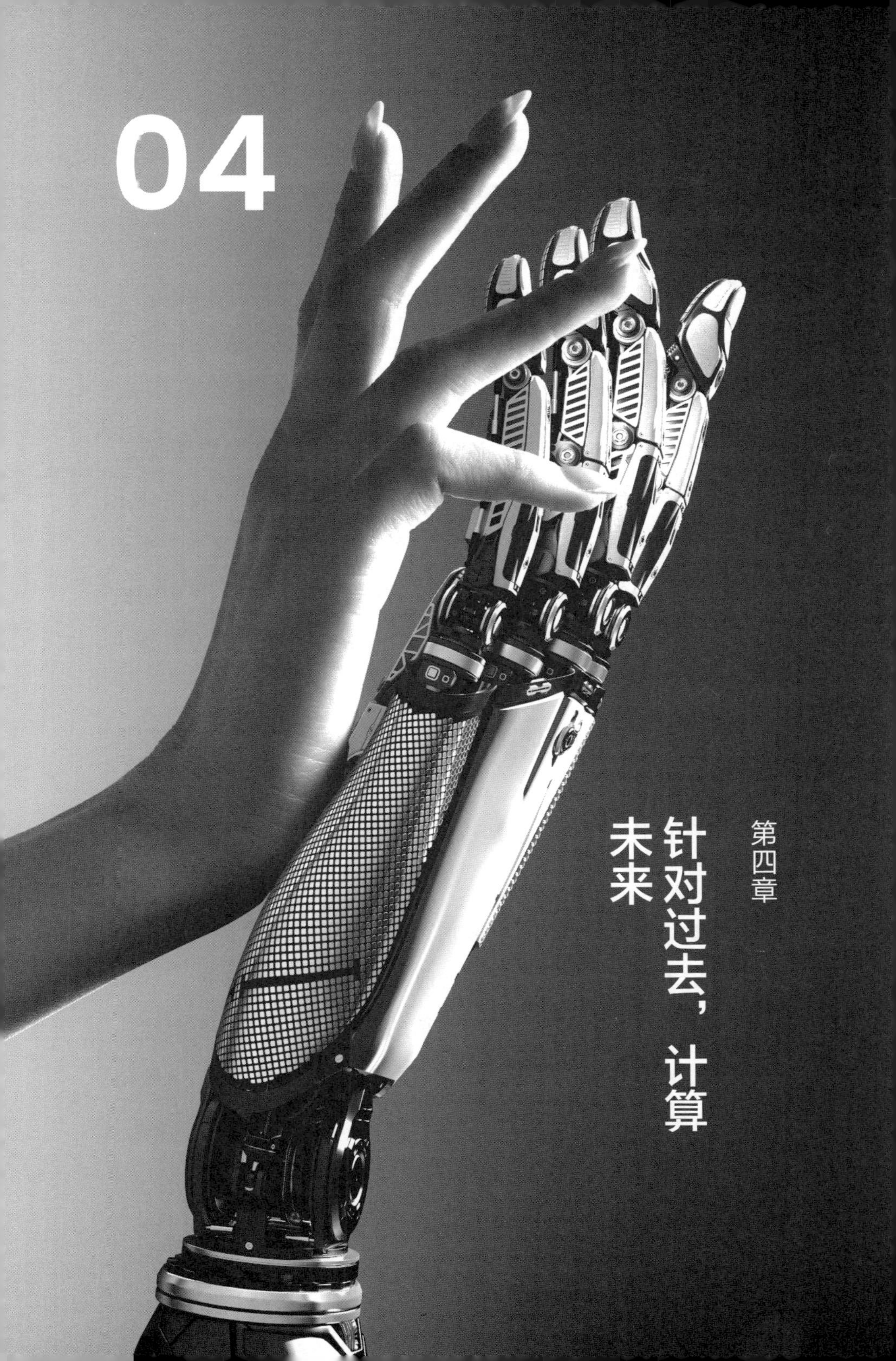

04

第四章

针对过去，计算未来

我的领导告诉我要谈谈过去的相关性，简单粗暴地说，就是谈谈“过去在历史上有何用途”[①]。我完全乐意遵从领导的指示，但我会用自己的方法来解读，这个方法是从《爱丽丝镜中奇遇记》（*Through The Looking Glass*）中的白棋女王身上学到的，她告诉爱丽丝让记忆向两个方向发展是一个极大的优势。

爱丽丝则回复说自己的记忆只有一个方向，她不能记住没发生过的事情。

“只能记住以前的事是一种多么可怜的记忆。”女王随即说道。

我断定，至少就这篇文章而言，只讨论已发生之事也是一种可怜的事情。所以在我讲完之前，我会试着憧憬未来。

但出于对上级领导和我的头衔的尊重，我想先简要叙述一件过去之事。那是1943年3月一个平淡无奇的日子，85艘德

① 本篇文章为1959年作者在麻省理工学院斯隆管理学院研究员聚会上发表的讲话。

军潜艇在大西洋执行任务，同一天，美国可与德军潜艇在大西洋交战的有如下军事力量（数据为粗略估计）：4—6 艘航空母舰、125 艘驱逐舰、30 艘新型护航驱逐舰、200 艘小艇（包括猎潜艇、改装快艇、拖网渔船），以及 500—600 架飞机（包括侦察机、战斗机和轰炸机）。然而，就在那个 3 月，德军潜艇却在大西洋击沉了美国 567 401 吨商船。

自 1942 年 1 月德军潜艇在哈特勒斯角对美国发动进攻以来，1943 年 3 月损失的 50 余万吨商船相当于一个月的物资。这种持续的损失有时甚至比建造新船的速度还要快，使得整个盟军在战争中岌岌可危。被鱼雷击沉的不仅是船，还有船上运送给英国基地和美国海外部队的粮食、石油与物资。这些损失可能会延长战争，甚或影响战争的成败。

因此，仍是在 1943 年 3 月，华盛顿召开了大西洋护航会议，讨论如何减少德军潜艇造成的物资损耗。这次会议催生了两种对立观点，涉及如何利用现有军事力量（舰船和飞机）打击敌人。其中一方的观点是将所有现存力量编入护航系统，这种系统是从第一次世界大战中沿袭下来的，我相信大家一定有所耳闻，50 ~ 70 艘船被编成一队，用一个由舰船和飞机组成的保护屏障护航，然后就可以沿着既定航道朝着停靠港前行。

这种护航系统的最大优点就是以非常经济的方式解决了搜索攻击的难题。打个非常形象的比方，战舰不必满农场地去找大黄蜂；也就是说，战舰不必在无边无际的大海上搜索敌人，因为德军潜艇在搜寻商船时不得不与护航部队接触，而在接触的那一刻，战舰就会按预先制定的战术采取行动。

在大西洋护航会议上，美国著名的海军总司令欧内斯特·约瑟夫·金（E. J. King）将军对护航系统的支持作用做了巧妙、清晰的陈述。金将军打了一个形象的比方，他说，大海捞针是没有意义的，舰船和飞机只有在护航系统内才能起到水面支援和空中掩护的作用。他还总结道，反潜作战首要考虑的就是护航舰队。

与之相对的观点认为，护航系统起不到太大作用，德军潜艇经常冲破护航舰队攻击整齐排列的商船，造成的损失一如之前。所以需要一个新的方法，该方法要基于以下考虑：首先，对潜艇来说，大海并非没有边际，任何以陆地为基地的 U 型潜艇在前往大西洋猎场前都必须经过狭窄的水域；其次，在现代军事条件下，所有德军潜艇每个晚上都要通过无线电与海军部联络，因此很容易确定它们在海上的位置，所以并不需要大海捞针；最后，装有雷达的飞机可以在数英里外探测到浮出水面的潜艇，而当时的潜艇又需要频繁浮出水面。

在这样的条件下，护航系统似乎并没有保存军事力量，反而像是将其分散开来。而减少物资损耗需要的方法恰恰是组织军事力量，即组织航空母舰和岸基飞机从空中搜索潜艇，并在潜艇从任意方向接近商船之前将其摧毁。这一立场由美国战争部长的水下作战问题科学顾问——爱德华·鲍尔斯（Edward

Bowles）进行了明确陈述和解释，并结合了事实加以佐证。他说：“护航系统是最没用的程序，在发现敌人时，飞机才是最有效的攻击武器。”

在讲述如何解决这两种观点间的分歧前，大家应该先了解一下潜艇战的特点，这对理解后面的内容很有帮助。潜艇战不像古老的护卫舰交战，船长只需巧妙地利用水手的眼睛或遵照纳尔逊爵士的话——“把船开到敌人旁边的船长不会犯太大错误”，就能赢得一场战争并获得声誉。尽管潜艇战的战场是难以留下任何踪迹的海洋，但潜艇战不是无影无踪的，人们在潜艇战中会按照古老的谚语、经验法则和传统智慧行事。巡航半径、雷达能力、陆块构造、军舰特征、鱼雷射程、下潜深度、军事力量规模等所有相关元素将潜艇战固定在一个精确的模式中。换句话说，在某种程度上，潜艇战是一个明确、有限的系统，可以对军事力量和输赢概率进行仔细分析和精确计算。

因此，似乎可以用纯粹理性的方法来抉择到底是采用护航系统还是空中搜索攻击策略。在陆块构造和传统航道固定不变的框架中，可以将已知性能和规模的军事力量按照效能最大化的原则进行分配，这一点动动脑子就能做到。

然而遗憾的是，纯粹理性的方法在这个事件中行不通。4 个月来，支持护航系统和支持空中搜索攻击策略的双方争论不休，提出了各种各样的论断和假设。前者称，护航系统是唯一可行的办法，只要有足够多的舰船加入编队，就能形成更强有力的保护屏障；潜艇战是在海上交战，受过航海技术训练的人要比受过飞行技术训练的人更懂潜艇战；让飞机独立执行搜索攻击任务，会打乱空中和水面部队之间的指挥关系，从而瓦解对作战行动的控制。后者则称，护航系统已被证实不够完善，而飞机已经显示出搜索和摧毁敌人的卓越能力；该阵营的一名支持者还说，海军军官沉迷于过去，他们真是“一群令人费解的社交将军和远古甲壳类动物”。

几个月来，争论从高水平的合理分析退化到妄下定论，甚至偏离了讨论主题，论战双方还展开了人身攻击。在一场关于指挥关系的无休止辩论结束后，支持空中搜索攻击的一方终于耗尽了耐心，这场争论于是落下帷幕，护航系统最终成为保护商船的主要手段。

在讲述这个事件时，我压缩且省略了大部分内容，只提取了那些引人入胜、颇具戏剧性的内容。我可能把整个事件说得太过“非此即彼”，但我希望自己没有过分地扭曲事实，并且也讲清楚了一件事：这个事件中提出的难题充满了可测量也可量化的数据，这些数据易于分析，也能够得出合理的结论。然而就此进行的争论没有按部就班地进行，它没有考虑所提供的数据，也没有用纯粹理性的方法去解决。

我想，事情会演变至此，是因为这其中有比可量化、可测量的数据更重要的因素在起作用。

第一个影响因素是记忆。护航制是第一次世界大战的产物，在那场大战的早期，潜艇还是一种新型武器，当时提出并尝试了各种各样的方法对其进行打击，比如，使用巡逻系统、出动伪装猎潜舰、布置北海雷障、轰炸泽布吕赫建造厂等，政治家、老百姓和报刊撰稿人将自己的奇思妙想源源不断地提供给海军军官。像之前说的，当时尝试过的许多方法都收效甚微，并且为此付出了十分昂贵的代价。直到护航制出现，打击德军潜艇才有了实际效果，因此在海军军官记忆深处，护航制是对付德军潜艇的唯一办法。所以在 1942 年至 1943 年，当人们想出好主意时——比如，伪装猎潜舰这种陈旧的想法，给海豹武装弹头这种疯狂的想法，用装有雷达的飞机进行搜索攻击这种新奇但实际的想法等，都会让人觉得这是似曾相识的白费功夫。即便第一次世界大战结束后的 30 年来，人们挖掘了飞机的潜能、发明了雷达，也都徒劳无功。先前的尝试所带来的条件反射和不愉快的记忆妨碍了人们冷静、理性地思考当前的可能性。

第二个影响因素是，呼吁进行空中搜索攻击的主要还是陆军。战争初期，海军飞机数量不足，于是向陆军借调来一些飞机。这些岸基轰炸机以往都是由陆军飞行员操作，受陆军管理命令，但经海军操作控制后，激发了陆军对反潜作战难题的兴趣。陆军受过具体目标的攻击训练，对新型轰炸机瞄准镜和雷达设备有浓厚兴趣，还不受护航系统记忆的束缚，于是他们探究出了一个新的策略。1943 年春天，陆军提出要将自己的飞机用于独立执行搜索攻击任务，这样做实际上是陆军承担了一部分海军负责的战争，而且是决定性的一部分战争。因此，除了想当然地拒绝陆军的提议，海军还会觉得这个提议威胁到自己的存在；换句话说，这个提议威胁到海军自己的控制主权。如海军首席历史学家所说："金将军无意与陆军永久分享本应是海军的职责。"

如果继续推测，我相信至少还有第三个影响因素，但这一点可能无法用相关资料证明。空中搜索攻击策略的主要工具是岸基飞机，而海军从一开始就建立在水面舰艇上，比如，帆船、战列舰或航空母舰。所有的程序、习俗、思维习惯、制度形式和个人力量的来源——简短来说，所有社会和文化上的秩序——都基于水面舰艇。对海军来说，飞机只是提供空中掩护以护卫舰船的辅助元素，但陆军的提议让飞机变成海军的主力输出。这不仅改变了潜艇战，或许还颠覆了整个海军社会及其经年累月形成的意义和价值。

我可以再详细解释一下最后一点，但可能会有些跑题。在托克维尔（Tocqueville）[①] 的著作中，他描述了一个充满流动性的社会——像我们所处的社会一样，人们的住所和地位频繁变化会对身处其中的人造成什么样的影响。托克维尔说，这样的社会"不但使每个人忘记了祖先，而且使每个人不顾后代，并与同时代人疏远。它使每个人遇事总是只想到自己，而最后完

① 亚历西斯·德·托克维尔（1805—1859），法国外交官、政治哲学家、历史学家。

全陷入内心的孤寂”。另一方面，在某种制度的社会中，“家庭的情况数百年不变，而且往往一个家庭总在同一个地方居住，数世同堂。这种情况，可以说代代相传没有变样。每个人几乎都知道祖先的身世，并对祖先表示尊崇。他们在活着的时候，就能够亲眼看到曾孙的出世，并对这些后代极为亲近。他们愿意彼此承担义务，而为已经死去的或为尚未出生的人牺牲自己的安乐，也屡见不鲜”[①]。

如托克维尔所说，身处这种社会的人，会暂时捍卫人类这一庞大的连续统一体所坚守的原则和宗旨，并从“捍卫者”的身份中找到满足感和价值感。这样的人还是一个巨大社会关系网的一部分，在这个网络中，人能了解他人，更能被他人所了解，这也是人了解自己的方式之一。这种满足感和价值感也扎根于海军内部。前不久，一名年轻的军官告诉我，在海军生活的一个好处就是，感觉自己在跑接力赛，拿着从别人（其中有些人还是货真价实的英雄）手里接过来的火炬，再把它传递给未来在海军服役的人。换言之，这位军官就身处人类这种连续统一体中，所有过去、现在、未来的人们就像数世同堂的人一样，团结在一个关系网中，坚持为共同的宗旨和军队理想效忠，就像火炬这一象征所暗示的那样。正是这种忠诚和意识，在和平缺失的时代、在变化无常的战争中，将武装力量紧紧地团结在

① 选自《论美国的民主》下册，第二部分第二章“关于民主国家中的个人主义”，亚历西斯·德·托克维尔著，董果良译，商务印书馆出版。

一起。假如海军社会受到威胁，即让陆军承担一部分海军职责，或是突然用新型工具（岸基飞机）取代海军熟悉的作战手段（水面舰艇），那么上述忠诚就会被削弱，甚至消失。一个历久弥坚、自信满满的文明很可能就会被瓦解成一个孤僻的群体。

这里不是为了定论护航制的好坏，也不是为了争论海军是否应该如1942年所假定的那样继续在潜艇战中充当独特的角色。这个延伸出来的故事只是为了表明，在人类所处的任何情况下，无论可量化的数据多么丰富，总会出现一些强大的、难以衡量的因素，比如，记忆、偏见、情感需要、信仰和基本行为准则等。这些因素交织在一起，对某种情况的真实本质（而非被揭露出来的本质）产生巨大且决定性的影响。在这种情况下，任何明智的决策都不仅要考虑数据，还要考虑其他信息，前者能就当前的工作效率得出符合逻辑的结论，后者则可以从非逻辑层面理解人类的本质、需求和欲望。在我之前讲的故事中，根据巡航速度和火力计算得出的决策不得不为海军社会不可量化的需求让步，当然，这些决策通常也要根据实际需求进行调整。这也是为什么英国小说家爱德华·摩根·福斯特会说出“唯一真实的历史是一部人类的情感史”这样的话了，此外他还顺带说了一句：所有的历史，甚至经济史，都是虚假的。

在这里，我试图找出在计算机时代人类情感发生的变化。我想提出几个尝试性的观点，也就是我们在寻求与机器和平共处的过程中必须考虑的事情。大家都知道计算机目前能做的一些工作，比如它如何为个别情况准备一份需要扣除工资的工资表，如何协助控制库存并形成生产计划表。毋庸置疑的是，如今的计算机可以做更多事情。

过去 10 年来，我的无线电放大器一直用的是威廉逊电路，从电源可用功率，再到内部修正能力，如实彰显出该电路制造者——威廉逊（Williamson）对技术难题的精致解决方案。该电路完美表现出威廉逊独特的理解力和直觉；换句话说，该电路完美表达了威廉逊本人。如今，通过计算机就可以给普通放大器设计新电路。威廉逊倾注在工作中的特殊天赋、独特智慧和情感已经被取代了；也就是说，威廉逊本人被取代了。

计算机还有其他功能。它能证明逻辑定理、解决三角函数问题、处理积分和微分。计算机已经可以或已经明确表示，它在可预见的未来可以实现以下功能：记忆、学习、识别零散数据中的模型、将陈旧的信息重新排列组合。更令人震惊的是，它还能给人的思维状况带来惊喜。尽管人们对计算机想象力的极限仍有质疑，比如，它是否能提出牛顿假说或创作出亨德尔（Handel）[①] 水上音乐这样的东西。但是一位研究此类问题的学者赫伯特·西蒙（Herbert Simon）[②] 曾审慎地说："目前我们已经能很好地理解人类创造所涉及的过程，而我们对其的理

---

① 乔治·弗里德里希·亨德尔（1685—1759），德国作曲家，以歌剧、清唱剧和颂歌等闻名于世。

② 赫伯特·西蒙（1916—2001），美国经济学家、计算机科学家和心理学家，1978 年诺贝尔经济学奖得主。

解程度表明，这些过程似乎都是计算机能够企及的。”

我刚刚提到的计算机具有的能力，比如，记忆、学习、识别模型，以及将数据重新组合的能力，大部分被人类用于解决大多数的工业问题。如果我说得没错，那么计算机迟早会参与思考某个工业企业的各方面事务；它还会影响决策，而这个决策会影响管理工业生活的最终政策和宗旨。正如一支武装力量必然建立在武器系统的基础之上，我们所处的社会也必然建立在工业过程机械化的基础之上。我们所有经济和社会秩序——我们对自己所作所为的看法，也就是所有的文化，都建立在工业能源组织方式的基础之上。就合理分析可测量的数据而言，计算机有压倒一切的优势，那么我们想让计算机在多大程度上决定以及决定哪一部分工业能源的组织方式呢？这是一个值得思考的问题。

这个问题可以通过很多方法来进行思考。如果你是一名初级管理人员，现在你可以想想，计算机多久可以跻身中层管理者行列，它是否还能继续向上并抵达管理高层的位置，这一过程需要多久？然后再来想想你自己是否能够跻身中高层管理者行列，而这又需要多久？如果你是我的话，也可以想想自己什么时候会失业。因为复制计算机程序的成本十分低廉，据说，将新的知识和技能转移到计算机中，要比让人类学会这些知识和技能更容易，也更便宜。作为一名教职工，我不确定计算机教计算机是不是会更便宜，但作为一个长期专注教学过程的教书匠，我发现教学过程中人类的不确定性和反抗性造成了巨大的知识浪费，并且毫无效率可言，所以我很愿意相信计算机教计算机要更容易。

但像这样的问题，比如你、我或威廉逊这种个人暂时的技术性失业，与我认为的对计算机的主要忧虑相比，都是不重要的。计算机和程序一样，它的决策质量取决于输入其中的内容，而决定输入内容的是人类。从某种意义上说，这能带来希望和乐趣，像蒸汽机、炼钢厂、发电机一样，这意味着计算机是一个可开发利用的机会，是人类为自身意愿服务的巧思和力量的无限延伸。但如我所说，这也会引起忧虑。如果人类把一些不好的内容输入计算机，如果人类选择了错误的问题或是错误地陈述了正确的问题，那么就会得到不尽如人意的解决方案。或许最简单的方法就是利用计算机来输入内容，这样人类就能得到应得的答案。

在我看来，真正引起人类警觉的原因是：根据记录，人类回答问题时要比提出正确问题时更加幸运，或者至少说，人类更擅长的是编造自己认为可行的一部分答案，而不是准确提出完整的问题，这的确是一个十分遗憾的历史事实。

这么说并不是想让这些话听起来像名言警句。我给大家举一些简短的例子，这些例子都来自美国短暂的历史：在经批准的美国宪法中，出于某种目的，规定一名黑奴等于五分之三的白人；十九世纪七八十年代，复本位制用于解决货币问题；不论是昨天还是今天，显然永远都会有法律法规用于解决农场难题。

之所以会出现这些投机取巧的解决办法，是因为我们出于政策、权宜之计、无知或单纯的恐惧，根本不愿意把难题完整且准确地表述出来。有时，我们没有正确评估可量化的数据，就像没有准确称量出银块的重量一样；有时，我们完全没有意识到丢进某种情况中的记忆、评判、希望、信念等是否超负荷；有时（实际上是经常），我们没有尽力试着在难题中把有用的记忆、好的评判及合理的信念分离出来。

计算机能从所提供的数据中立即做出明确的决策，而在使用过程中，如果我们坚持草率定义自己想要解决的难题，就会陷入严重的困境。在不久的将来，我们不得不扪心自问，自己是否还能在不扭曲事实的情况下评估可量化的数据；我们不得不痛苦地思考，自己是否准备好不带任何原始情感地去观察并分析事物，是否能足够诚实、勇敢地把必要的和不必要的情感分离开来。

综上所述，我们至少应该考虑其中一种可供选择的方法。先来看这样一个观点：人之所以为人，是因为人会思考，也仅仅是因为人会思考。也就是说，我们可以忽略情感的存在，只将能由纯粹理性处理的可量化和可测量的数据输入计算机。以1943年的反潜作战难题为例，输入雷达能力、火力、巡航距离等初始数据，这些正是计算机所需要的内容。我想情况很有可能是这样：假设计算机输出的初始答案是使用陆军岸基飞机在比斯开湾的狭窄水域进行搜索攻击，再假设陆军分担了海军一部分作战控制权，并将飞机作为主要武器引入海军，那么这就破坏了海军社会，不仅改变了其形式，还改变了将海军团结在一起的价值和情感结构。这就意味着用文化稳定性（很大程度上由情感所决定）换取了当下的胜利（由纯粹理性所决定）。如果将其应用到工业过程中更广阔的领域，以及在此基础上建立起来的文化和社会秩序中的话，我想其影响是显而易见的。

这当然是一种方法，而且至少是我们可能会采取的方法。人类历史不仅可以理解为情感史，还可以理解为人类努力利用自己独特的工具，即利用智慧来战胜情感的尝试，以及努力用逻辑和秩序来控制被情感扰乱的事物的尝试。如所有外国人观察到的那样，我们是一个务实的民族，总是活在当下，我们对过去不感兴趣，也察觉不到下一个明天之后的任何未来。

这样的想法可能会引发争议，特别是在一个技术动态变化的时代，人们会认为所有因情感产生并累积起来的价值和文化都是不相干、不必要的。人们要做的只是在当前状况下得出符合逻辑的推论，并重新调整真实存在的记忆和情感，以符合逻辑推论。

我想再进一步讨论这个观点。西格蒙德·弗洛伊德有一个理论认为，艺术只不过是一种神经质般的妥协，是人们在想象中为实现现实中无法满足的欲望而付出的巨大努力。我们对特定价值体系具有情感依赖，就等同于我们表现出无法用合理方式掌控某种情况的症状，这一点是可能的。比如，在 13 世纪，一个人向全能的上帝请愿，因为他认为自己只有这一种方式可以掌控自然。又比如在19世纪，一个人将努力工作、勤俭节约、接济穷人的行为列入价值体系，还崇尚个人进取心，因为这些行为是唯一能让他应对某个不稳定经济环境的策略，但这种不稳定的经济环境仅凭他自己是无法掌控和理解的。

如果这种看待事物的观点为人们所接受——当然任何热衷于经济实用的手段、精致的解决方案和完美的分析方法的人都会被该观点吸引，只需要向计算机输入可量化和可测量的数据，计算机就能立即输出可行的正确决策，那么人类就能学着和计算机和平共处。人类摆脱了熟悉的社会、机构和个人义务，就能调整自己的任何情感以符合不断变化的决策，而这些决策将在当下的工业进程中发挥作用。

我认为，在未来，我们应该谨慎看待这个观点，但我必须表明，我本人对此其实并不认可。过去我们常常从个人品质和所处环境出发赋予生命以目的和意义，而这个观点似乎把人从品质和环境中剥离出来。它似乎还把人变成了一种可以自我调节的机制，出于明智迎合某一情况的需要，人们切换成一种暂时的模式，把自己复杂多变的感情强行调整至适宜的状态。这样听起来，为了生存的利益，我们会愿意活得像个自由马丁[①]一样，悲喜不见。正如一位人类学家所说，也许我不喜欢这个

① 自由马丁：和雄犊双生的雌犊，没有生育能力，其激素影响自身发育。

观点的原因只是因为我被文化束缚住了。

但我不希望大家有所误解，我当然相信智慧是人类有别于其他生物的决定性因素之一。我认同怀特黑德的观点，他说，今天的规则是绝对的，一个社会如果不重视受过教育的知识分子，必定会走向灭亡。我也相信计算机会继续存在，因为把它丢进熔炉里化掉也没什么好处，尽管人们曾试图摧毁美国建造的第一台动力织布机或第一个贝塞麦转炉。我还相信，自从发现了具有毁灭性的火种之后，陆续出现的很多媒介给人类社会带来了很多发展机遇，但这些都比不上计算机在组织、规划和丰富人类社会生活方面带来的机遇。最后，在这信仰的告白中，我相信人类不仅因其智慧有别于其他生物，还因其情感而与众不同。这意味着，人类是可以感受到喜悦和绝望的生物，但同时也意味着，情感有自己独立的一种存在感、一种特性、一系列需求和索取，以及对人类生活的一种塑造性影响。人之所以为人，不仅因为人会思考，还因为人有情感，正是这两种了不起的能量相互作用，才形成了如今所谓的人类生活状况。我想，这至少是我从历史中学到的一点。所以我想再补充一点，在面对计算机时，我们必须仔细检验规则是否同样绝对：一个不重视受过教育的心灵的社会，或者说一个不重视情感所处境地的社会也终将走向灭亡。

讲了这么多，其实并不能简化难题。计算机和为其编写出来的程序一样，输入其中的问题结构才是决定性因素。所以摆在我们面前的是一个令人十分反感的问题，即我们如何将合理的情感连同可量化的数据一起编入程序，使其在某种情况下发挥作用。如果我们能识别这些情感，将其构建在想要提出的问题结构中，那么就能让计算机为我们的利益工作。只需完整准确地提出正确的问题，就能让计算机变成延伸我们自身能力的绝妙工具。

我认为，这意味着我们必须尽快找到自己的真实情感和意图。我们不能再靠争论不休、妄下定论、侮辱谩骂或玩弄权术来达到目的。我们必须先搞清楚自己想要的是什么，这样才能提出正确的问题。归根结底，这也意味着我们要搞清楚自己是谁，并接受这个事实，尽管这可能会带来一些痛苦。然后，我们就可以将自己的情感需求、欲望甚至信仰编入程序。换句话说，我们只有学会为自己编写出满意的程序，才能为计算机编写出满意的程序。

那么，我们如何获取所需的信息呢？又如何把信息明确表达出来呢？这是一个自古以来就困扰人类的难题，大家今天在这里是找不出最终答案的，但至少我可以告诉大家一些关于这方面的尝试性论述——在正规的教学过程中，已经可以得到我们所需的一部分信息和进一步获取信息的一些方法。首先是一个古老的方法——研究人文学科。我认为我们现在花了那么多时间想办法加大人文学科的教育力度，而这个学科常常只是作为消遣，或作为批判分析的对象。人文学科本应用于激发学生，使其恢复如今几乎已经丧失了的感知力。而发现情感的存在和检验情感的意义最可靠的方法就是去感受情感。

还有一些比较新的方法能给予我们希望，像心理学、文化人类学等社会科学。这些学科还很年轻，很多较长的词语和杂乱无章的数据还缠绕在一起，却是我们如今分析人格结构、追踪情感历程所拥有的最系统的方法。

我当然无法预知人文学科和社会科学之间关系的最终走向，但我希望它们能彼此巩固、彼此影响。比如，一个人只有在理性层面掌握了人格结构、掌握了情感的干扰模式，才能充分感受到《哈姆雷特》并深深地被其打动，如此才能有意识地感知到莎士比亚的灵智。

还有一件关于教学应用的事。在我看来，我们已经将自己的文化发展到了十分复杂和精妙的水平。在这样的条件下，我一直在谈论的工业组织所用工具的发展水平，以及我们在感性和理性层面对其的反应，都无法在高中、大学、研究生院中一次性全部学完，也无法在斯隆管理学院的一个学年或一个高级管理人员开发计划的10个星期内全部学完。暂且不提管理这个社会，仅仅是在这个社会中安稳生活就需要一个人终身学习。持续地了解不断变化的环境，了解在这个环境中发明的各种新奇工具，了解我们自身，都非常有必要。但仅有正规教育是远远不够的。如果我们要找寻自己是谁，并承担随之而来的后果，从而明智地利用计算机，就还需要进一步的激励和手段。

主要的激励措施，或许也是某个强有力的奇招，就在于计算机本身。计算机的职责是给予答案和做出决策，但就其存在和本质而言，它还会提出根本问题、定义核心难题。因为计算机只通过模拟来工作，它向发明计算机的人提出了一个无法避免的问题：人类的本质是什么？这是一个最古老的问题。在过去，如果作为一个哲学思辨提出这个问题，受人尊敬的人会给出不充分的答案，傻瓜、无赖会在“历史曲折的通道中”给出错误的答案，而这些答案带来的全部后果都有可能避免。

但如今，计算机通过模拟会立即将我们给出的答案放到实际应用中，我们却未能对其提出的问题给出完整的答案，甚至回避或对自己当下所处的险境含糊其词。因此，计算机可以通过其实际得出的结果强迫人类提高并审视自己的存在（这个存在必定被“编入程序”）。人类不仅要直面自己，还要直面自己所做之事，以及行事的动机、缘由和目的，这实属历史首次。

如果历史有意义，我们会试着让自己免受这种探究带来的某些痛苦。有时，我们会掉进恐惧或纯粹智慧的陷阱。毫无疑问，我们必将面临一个前路未卜的危险时代，但通往成功的路上似乎又没有什么不可撼动的阻碍。我之前提到过，过去我们遇到的大部分困难都是因为问题没有被清晰地定义。现在应该再加上一点，一旦可以明确定义所提出的难题，人类就能显示出非凡的解决能力。在等待结果方面，人类表现出坚忍不拔的毅力；在筛选、组合从学校教育和亲身经历中得到的信息方面，人类表现出了勤学好问的进取心；在赋予方程组中的未知数以新数值方面，人类表现出了充足的想象力。人类不仅能持续关注有用的方法，还关注令自身感到愉快的方法。

计算机已经直截了当地陈述了这个难题，剩下的就是更好地定义并解决难题。而对于解决难题这项危险的工作，我们依然沿袭惯例。因为计算机只能通过模拟来工作，所以创造未来的工作仍掌控在人类手中。如果人类失败了，如果人类误用了计算机，那么计算机就会如法炮制，在模拟过程中误用人类。那时，就我们曾经思考自己能够成为什么或是希望自己成为什么而言，我们是可以实现这个愿望的——只不过是最后一次了；而如果人类成功了，就能实现人类自我力量的惊人延伸——也就是实现真实自我的延伸。

05

第五章 关于计算机的一点补充

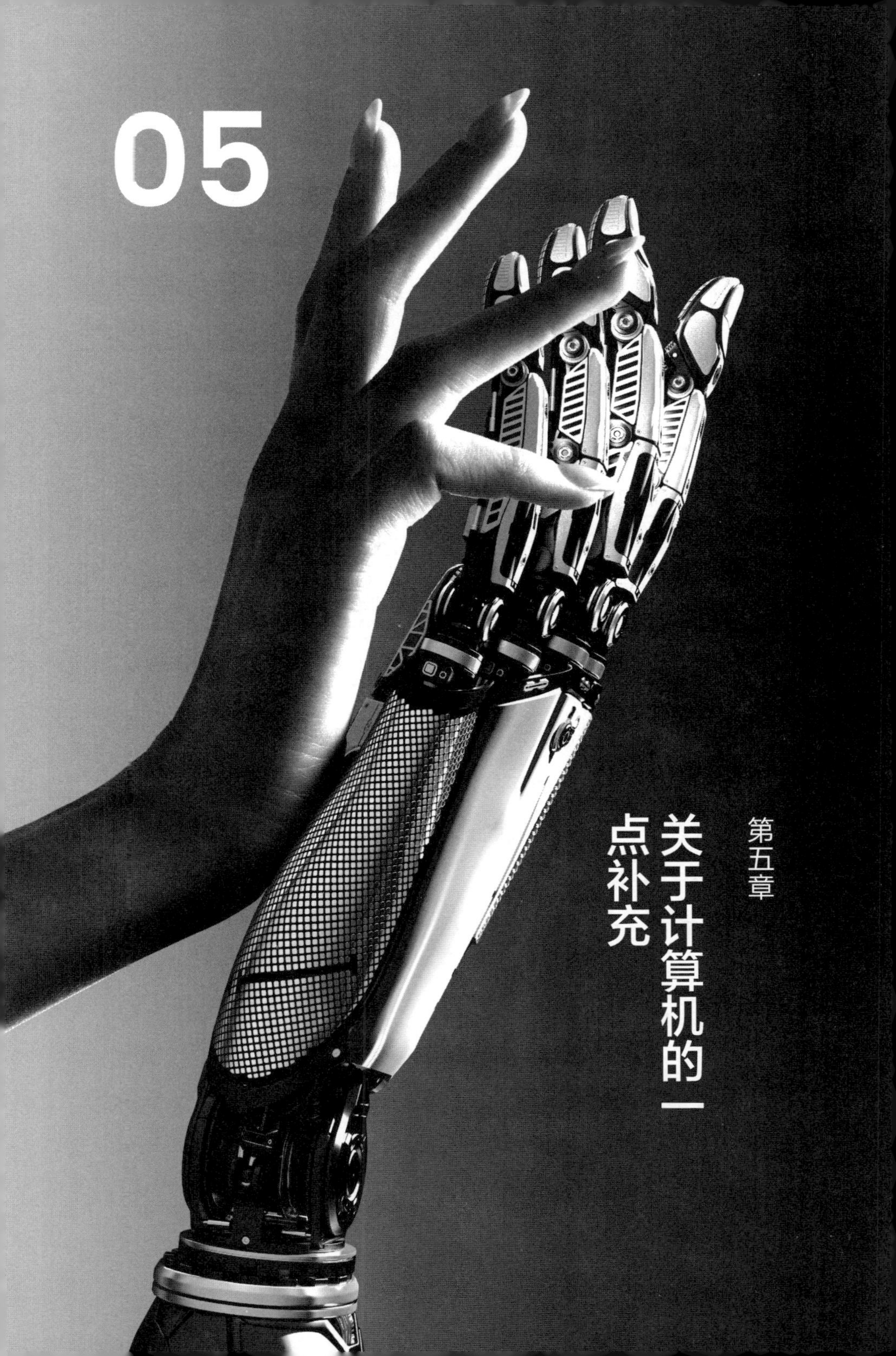

首先，我要澄清两点，这两点会在我接下来的讲述中得以印证。[1] 第一，我对要讨论的主题——计算机并不是很了解；第二，我一生都处在查尔斯·珀西·斯诺（C. P. Snow）[2] 所说的那种文化氛围当中，这种氛围常常会产生让人忐忑不安的恐惧和精神上的忧郁。

我知道现在计算机是一种相对较新的机器，所以我想作为一名历史学家谈谈过去人类和新机器的相处之道。我也知道计算机能给出某些问题的答复，提供某些难题的解决方案，所以我也可以谈谈与我同时代的人在讨论问题的答复和难题的解决方案时有何发现。

关于第一个话题，我不像查尔斯爵士一样，是勒德

① 1961 年麻省理工学院举行了一系列关于计算机的讨论会，查尔斯·珀西·斯诺在第一场讨论会中发表了开场白，本章是对斯诺言论的回应。

② 查尔斯·珀西·斯诺（1905—1980），英国小说家、物理化学家，1957 年被授予男爵头衔，1959 年在剑桥大学演讲时提出了著名的“两种文化”学说。

（Luddite）分子[①]。大家可以从历史中了解到，人类已经学会了跟自己的同类相处，人类跟机器也同样合拍，或许会更合拍。每当一台新的机器出现在人类社会中，比如织布机、内燃机、发电机，就会引发暂时的混乱、迷茫和不公。但随着时间的推移，人类就会学着创造出新的秩序以适应新的条件。当然，任何有创造力的事物也有其破坏力，在人类掌控下的机器也是如此。但总的来说，人类通常能得心应手地管理机械系统，使其契合自己的创造目的、扩大自身能力并增加机遇。我想，只要比较一下 17 世纪普通人的生活条件和当今普通人的生活条件，任何人都能得出这一结论。

就查尔斯爵士所说的那种恐惧而言，我也有理由证明：自己并不像他那样，是一个勒德分子。查尔斯爵士提到的第一个恐惧是：计算机可能会在很大程度上增加当前社会出现封闭式决策的趋势。显然，我们不得不考虑这个问题。毫无疑问，机器可以改变我们看待事物的某些观点，比如多引擎飞机改变了我们的时空感。在雷达装置或计算机出现之前，身处沃尔西（Wolsey）[②]、黎塞留（Richelieu）[③]或凯撒时代的人们常常会做出封闭式决策。但据我所知，在计算机的本质中，并没有任

①　勒德分子：源于 19 世纪英国工业革命，机器的出现威胁到了工人的工作，工人以奈特·勒德为领袖，进行示威抗议活动并打砸机器设备，该词引申为反对工业化或新技术的人。

②　托马斯·沃尔西（1473—1530），英国大主教、政治家。

③　阿尔芒·让·迪·普莱西（1585—1642），法国红衣主教、政治家。

何必要因素，使我们做出封闭式决策。计算机和程序员都必须在一个总体框架内工作，如查尔斯爵士所说，只要我们愿意，仍然可以凭空形成一个由一般决策和规定组成的领域。人类为控制自己使用工具的目的而创造出一种文化，而在决定自己想要的生活时，这种文化的本质对决策的影响要比工具对其的影响还要大。

比如，我认为在弗朗西斯·斯科特·菲茨杰拉德（F. Scott Fitzgerald）① 的年代，年轻男女发生身体关系的概率增大不是因为汽车安装了“丈母娘座”②，这个座位只是给他们增加了一个发生关系的场所而已。

其次是对计算机作为一种迷人小玩意儿的恐惧。显然，无论这种小玩意儿是一台机器、一个想法，还是一个程序，沉迷其中总归是危险的。比如，阿马萨·斯通（Amasa Stone）③ 其实是一个很有才能的人，他对桁架结构异常痴迷，不顾反对地用铁制桁架结构设计了一座横跨阿什塔比拉河 ④ 的大桥，后来这座桥垮塌，一整列火车的人因此丧命。再比如，我、我的兄弟、我们这一代中大部分男性都没有扁桃体，因为一名医术高超的五官科医生和他的同事们都痴迷于一种思想，那就是让一个男

① 弗朗西斯·斯科特·菲茨杰拉德（1896—1940），美国小说家、散文家、编剧，著作如《了不起的盖茨比》等。

② “丈母娘座”：早些时候汽车后部安装的折叠座椅，与乘客舱隔开。

③ 阿马萨·斯通（1818—1883），美国实业家，从事美国地区铁路建设。

④ 阿什塔比拉河：位于美国俄亥俄州东北部。

孩或长起来的方法就是切除他的扁桃体。

在一个崭新的时代，我想我们不得不忍受这一切。但是历史表明，每一种情况都只会持续一段时间。随着时间流逝，一个新奇小玩意儿的潜能在反复试错中被探索、被开发，直到其真正的能力被人类发现和理解。随后，无论这个小玩意儿是什么，即无论是摩尼教教义、汽轮机还是青霉素，它都能被纳入一个合理的环境。

我不想像个博学的元老一样，通过历史研究把自己搞得好像比查尔斯爵士这样的贤哲还精明睿智。当然，查尔斯爵士所说的恐惧应当引起任何智者的思考，我也知道自己说的话并不能完全解决他提出的复杂难题,也许以后我们还可以再来讨论这些问题。现在由于时间有限，我想谈谈我自己的“忐忑不安的恐惧”。

我认为，相比之前探索小玩意儿的潜力，我们在探索计算机的全部极限方面有更多的困难，在反复试验阶段也会有更多的危险。那些小玩意儿，如织布机、汽轮机、发电机，在关键时刻抗住了人类的无知和愚蠢。它们超负荷地工作、被滥用、停摆、崩溃、爆发，一切就这样结束。因此，这些小玩意儿给人类的愚蠢无能设立了明确的界限。而计算机不会，即使被人类的无知和愚蠢利用，即使被问到荒唐的问题，计算机也不会崩溃，它会相应地给出一些愚蠢的答案，人类会继续照着这个答案采取行动。

我所处的文化告诉我这是一种经常发生的情况。举个例子，在大家熟悉的戏剧《哈姆雷特》中，哈姆雷特这样定义了自己的一个难题：已故丹麦国王身上发生了什么事？自己对此应该做些什么？明确问题后，也就是编写好了一个程序后，哈姆雷特向鬼魂提出了这个问题（在16世纪晚期，求问于鬼魂是最高明的途径）。哈姆雷特从鬼魂那里得到了详细的答复和具体的行动建议，于是他对此做出了回应——制造了一场令人毛骨悚然的政治、社会、道德和行政管理各层面相互交织的动乱。

问题是，哈姆雷特得到的是一个完全错误的问题的正确答案，当然这也是他应得的答案。随便一个心理学家都会说，哈姆雷特本应询问鬼魂关于他自己的事，以及他与母亲之间的关系，他问的却是关于父亲的事。

换句话说，我所处的文化表示，提出正确的问题要比找到正确的答案难得多，而错误问题的正确答案不会有多大价值。

像我的一些学生一样，在座各位也许会有人说，《哈姆雷特》只不过是一出戏，它能证明什么呢？所以我再从真实的历史当中列举一些证据：我们曾提出，如何才能限制美国和英国之间的军备竞赛？得到的答案是：什么时候英国有1艘轻巡洋舰，美国对应的有1.4艘重巡洋舰，就能限制英美之间的军备竞赛。大约在同时，我们还提出，如何让美国实现“自给自足”？得到的答案是斯穆特－霍利关税法，该法案将所有进口应税商品的平均从价关税比率规定为40.1%。

相信大家都知道，这些答案其实给我们带来了这样或那样的麻烦。之所以会有麻烦，是因为这些答案以事情的错误解读为框架，也就是错误定义了实际难题，因此给出了错误的解决方法。这些都体现出拉姆齐·麦克唐纳（Ramsay MacDonald）[1]对英美两国巡洋舰比例的看法，他说："这是企图用精确的计算来掩盖空想。"

麦克唐纳首相的这句话体现了我"忐忑不安的恐惧"的深层来源，即将人类处境简化为可量化元素的趋势。再以《哈姆雷特》为例，我记得我在麻省理工学院给学生上课时就哈姆雷特的行为做过两点说明：第一，在哈姆雷特所处的圈子里，他得到了太多的答案；第二，他的效率约为 16.67%——因为哈姆雷特原本只有一个人要杀，他却杀了六个人。巧合的是，16.67% 也是内燃机的平均热效率。

在这里，我想说的是，把生活变得更容易计算，从而使其更容易解释；把经验放进某个逻辑框架中，利用该框架具有的秩序性和缜密性，使发生之事更易理解，分析出的内容更易接受，做出的决策更加简单，对人类来说，这是永恒的诱惑。在谈到关于一艘巡洋舰 1.4% 的内容时，人们会希望自己已经解决了讳莫如深的潜在外交问题；为实现国家的自给自足，人们在通过一项将平均从价关税比率调至 40.1% 的法案时，会假设自己不必进一步寻找美国历史上最严重的一次经济萧条的产

① 拉姆齐·麦克唐纳（1866—1937），英国首位工党籍首相。

生原因——顺带一提，该关税法案恰恰导致了这次经济萧条。我想，这就是这种永恒诱惑的表现方式；从柏拉图量化武士职责[①]的时代开始，人类便一再涉险。

我并非是在暗示不久之后，计算机会把我们所有人都笼罩在其程序的数学现实外衣之下，但在我看来，如今我们与可量化元素和逻辑系统打交道将是大势所趋：比如会出现更多的测试及衡量方法（比如给大学应试人员的大脑精确打分，分值范围为1~800）；会有更多像凯恩斯（Keynes）[②]和弗洛伊德一样的人提出合理的制度体系来协助规范我们的经济和人格；更多的数学模型以及更多的努力，如在管理学院中，将行政管理经验简化为可量化元素。借着澄清事实和增进人们普遍理解的名义，这些显然都不失为一件好事。纯粹理性以可测量的数据为前提发挥作用，它的目的大概是将越来越多的秩序和制度体系引入人们的日常生活，以消除随机性的影响。但是我对此有一种担忧，那就是随着时间流逝，我们可能会在某种情况下渐渐失去对品质等相关元素的感知，比如忠诚、记忆、情感和人类在任何情况下产生的感受等，虽然这些元素会把情况搞得更糟，但对人类来说，它们是更真实的东西。有些人认为，只要把经验分解成可测量的零散数据，就能学会生活中所有重要的事情；而我的恐惧是，输入可量化数据的计算机可能给这些人提

---

① 古希腊哲学家柏拉图在其著作《理想国》中曾叙述了武士的职责。

② 约翰·梅纳德·凯恩斯（1883—1946），英国经济学家，创立了宏观经济学基本思想。

供太多帮助和安逸。

我希望自己旗帜鲜明地支持秩序和逻辑，但我也希望大家明白，生活中所有真正有趣的问题和难题，其中可测量和不可测量的数据都是混杂在一起的。我不时想起毕达哥拉斯学派[①]，那些相信“万物皆数”的人可能会处死一个认为事物不可测量比较的人。然而，即使是在一个库存计划中，如果一个人库存耗尽，他也必须考虑自己愿意承担的风险，而这个风险部分取决于失望顾客的恼怒程度；即使是在查尔斯爵士提出的战略轰炸演习中，也要考虑一种可称为考文垂[②]因素的东西，这是那些遭到轰炸却没得到赔偿的人产生的埋怨、愤恨心理。

再重申一遍，我不是勒德分子。首先，我只是想搞清楚有关计算机的一切，不得不说这已经够困难了。在我的粗略研究中，那些对计算机有更多思考的人——至少比我思考得要多——告诉了我许多不同的事情：计算机就像个白痴一样，人类让干什么就干什么；计算机目前能够设计分马力电机[③]和电路；计算机已经可以重新整合旧数据，产生令人欣喜的智慧（虽然一名不耐烦的教书匠表示这种情况比人们想象中要少得多）；计算机有时还可以写出奏鸣曲；如果我们能正确连接足够多的电子管（具体要 10^{10} 个电子管），不排除计算机有自己的情感

---

① 毕达哥拉斯学派：古希腊数学家、哲学家毕达哥拉斯及其信徒组成的学派。

② 考文垂：英国城市，第二次世界大战期间，纳粹德国对其进行了大规模轰炸。

③ 分马力电机：额定输出功率不满一个马力的电机，即功率小于 745.7W 的电机。

和意愿的可能。换句话说，计算机当前拥有的能力和预示的潜力之间的差距还相当大。

无论如何，计算机就在这里，而且它必然会继续发展。每个人，或者几乎每个人，对此都有些许不安，这也在情理之中。这是人类第一次在自身之外遇到跟自己某些部分完全相像的东西。计算机不像其他机器，它不是单纯像人的胳膊、手或腿，它是像人的本身，不过究竟有多像我们还无从得知。但是不管未来会发生什么，我们已经制造出了这样一台机器，这台机器能够模拟过去我们通过自身思考才能做到的某些事情，虽然只是很少的一部分。但即使是如此微小的进步，也开始引出我们常常规避的大问题——就像哈姆雷特那样。这个大问题就是：我们的真实形象是什么？与我们真正相似的又是什么？

为了帮助我们进一步非破坏性地探索计算机，我们可以进行一系列实验，这些实验源于查尔斯爵士重现轰炸难题的灵光一现。

我建议进行一项连续的实验，让计算机重新分析过去的一系列情况，这些情况是从我们现在的文化中选取的，而在这种文化中，人类最能按照自己的意愿行事。可以从简单的事情开始，比如分析一次成功的工厂搬迁；随后逐渐加大难度，比如分析陆军和海军如何利用飞机进行反潜作战；再比如分析最有趣的一些情况——《谢尔曼法》（*Sherman Antitrust Act*）就限制托拉斯和卡特尔组织制定的方法及后来修改的司法解释，或是分析伊丽莎白一世的外交政策奇迹。我建议为每一种情况设计一系列实验程序，省去一些东西，再补充一些东西，练习着把那些看上去似乎无法编码的事物编入程序等，通过反复试验来检测针对真实情况给出的各种假设和意见。

考虑到现有的技术水平，有些问题还比较天马行空，而且，研究某个特定且无法重现的过去可能无法产生最理想的结果。比如，有人提议根据6个或8个历史事件来设计程序，这样也有利于发现普通元素（稳定元素和扰乱元素都包含在其中）的控制方法，但连同今天我们正在进行的革命在内，这些普通元素在人类历经的所有革命中都发挥了作用；又或者，如今的某些欠发达地区在技术的推动下正在持续地发展，根据这些地区存在的有关难题来设计程序，却发现该地区或许还包含一些从其他地区（已经经历过上述发展阶段）的历史中收集的数据。

无论在这些详细的建议中有什么样的困难或缺陷，我深知，按照我建议的方向，某些开端是可以实现的，我也希望如此，原因如下：

第一，很大一部分人都需要学学历史，这是一件好事。

第二，愚昧固执的傻瓜们也许可以利用古老真理学到智慧。在可控的反复试验阶段，我们可以在没有危险的情况下理解计算机的使用。

第三，计算机不再是解决难题的机器，而是一台学习机器，这也是如今的风潮。如若按照建议使用计算机，它就会在不发生任何危险的情况下强迫我们抛却我们喜欢问的愚蠢的边缘问题，转向必问的真正问题，并教会我们如何更正确地提问。因此，计算机可以帮助我们明确区分可思考之物和可感觉之物，并帮助我们进一步理解自己在思考时投入了多少感情。或许，我们感觉到的某些事情会比想象中更容易识别，也更容易明确定义——就像弗洛伊德在其著作中所述。但反之，如果上述事物无法按照预想被编入程序，至少我们还通过这次实验找出了更多关于这些事物的意义和影响。我的意思已经表述得很清楚了，我们在利用只会模拟的计算机来全面探索它在模拟的东西，即我们自身的形象、我们的相似物。

在爱德华·埃斯特林·卡明斯（E. E. Cummings）[①]所说的“唯一的秘密仍然是人类”的情况下，被机器这样冒犯会让人感到厌恶和惊恐。但事实并非如此，至少对我来说不是。我的好朋友们正在利用加速器揭示其他神奇结构的秘密。他们发现得越多，就越对所发现的奥秘感到惊讶和尊敬。如果人类能通过实验从自己发明的事物身上了解更多关于自身的事情——人类是谁？又不是谁？那么我认为，人类在利用计算机方面已经学到了足够多的东西，并且也更加明智、更加建设性地解析了自己。

如果在这一过程中，人类最终找到了这个“唯一秘密”的完整答案，那么，他就找到了我的同胞们2500年来一直在努力寻找的答案。

---

① 爱德华·埃斯特林·卡明斯（1894—1962），美国著名诗人、画家、剧作家。

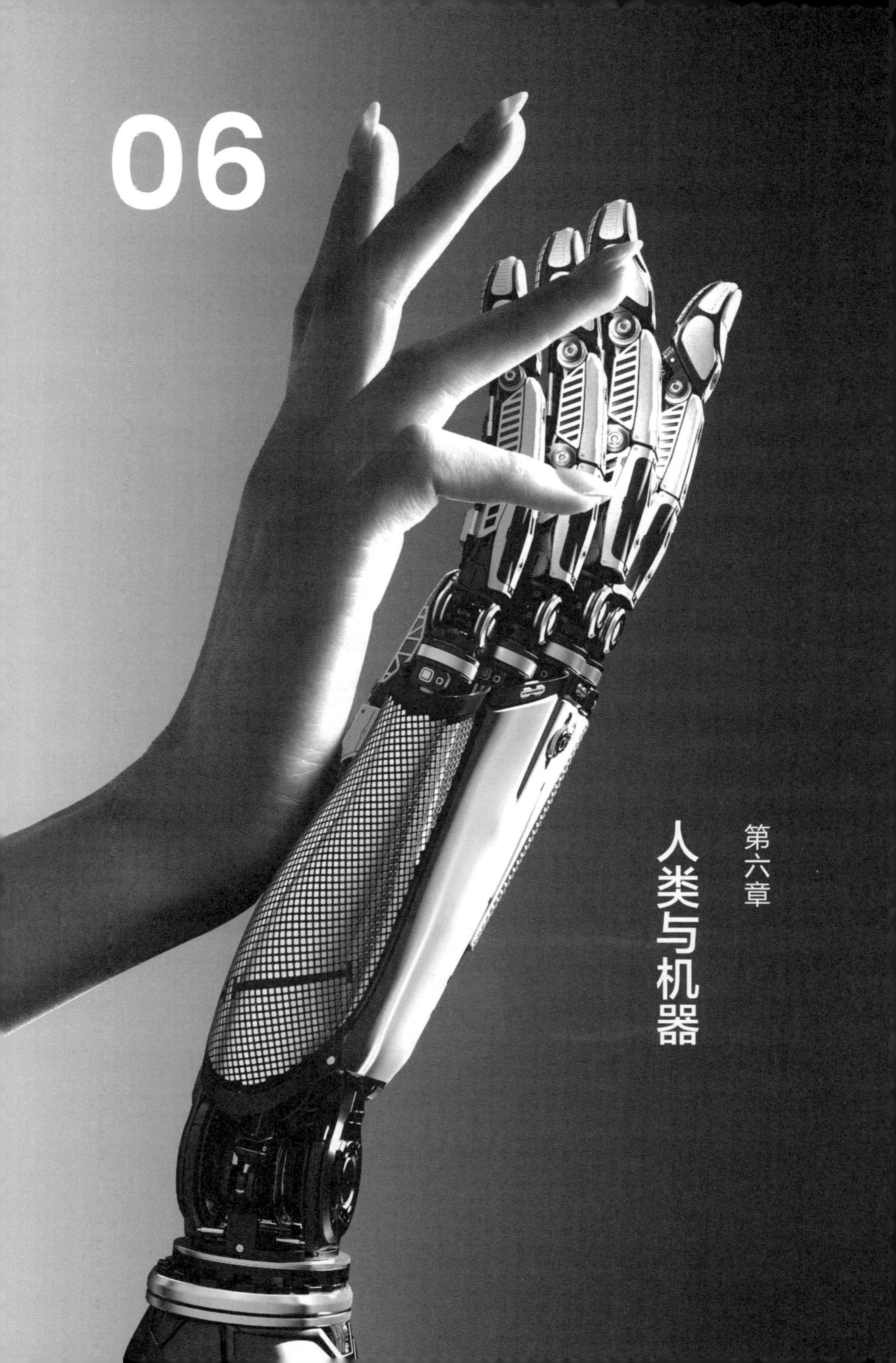

06

第六章 人类与机器

19世纪中期，一艘新型舰船在美国海军服役，接下来要讲述的内容正是这期间所发生的事情。[①] 我的讲述是以小故事的形式呈现，其间延伸出两个题外话。

这艘船就是“万帕诺亚格”号战列舰。1863 年，“万帕诺亚格”号在布鲁克林造船厂动工，于 4 年后的 1867 年，正式在海军服役。该舰位于水线以上全长 355 英尺 [②]（约 108 米），全宽 45.2 英尺（约 13.78 米），排水量约 4200 吨。在其所处的时代，“万帕诺亚格”称得上是巨型舰船，它像其他所有舰船一样配有桅杆和船帆，却采用蒸汽动力装置推进，该装置有两个直径为 100 英寸（约 2.54 米）、4 英尺（约 1.22 米）冲程的汽缸，发出的功率从木制齿轮传递给轴系，从而驱动直径 19 英尺（约 5.79 米）的螺旋桨推进器。“万帕诺亚格”号配有 1 门 60 磅 [③]（约

① 本篇文章选自作者 1963 年在加州理工学院所作三场讲座之一。

② 英美制长度单位，1 英尺 =0.3048 米。

③ 英美制质量或重量单位，1 磅＝ 0.4536 千克。

27.21 千克）火炮、2 门 100 磅（约 45.36 千克）火炮、10 门 8 英寸（约 20.32 厘米）口径火炮，以及 4 门小型榴弹炮，这在当时算得上是“全副武装”。

1868 年 2 月，“万帕诺亚格”号进行试航。2 月 11 日晚 9 点，舰长命令“万帕诺亚格”号全速前进以测试其性能，试航持续了 38 个小时，大部分时间海面都汹涌异常。整个试航过程中，“万帕诺亚格”号的平均航速都维持在 16.6 节（19.14 英里 / 时，约 30.8 千米 / 时），其间，它曾连续 6 个小时航速为 17.25 节（19.89 英里 / 时，约 32.01 千米 / 时），某个小时航速达到了 17.75 节（20.465 英里 / 时，约 32.94 千米 / 时）。

试航结束后，工程师委员会认为，“万帕诺亚格”号的测试记录“无论是在航速还是在经济性方面，任何国家的海军部或商业的远洋螺旋桨船都无法与之相提并论”。该战列舰指挥官在其官方报告中说：“我认为，‘万帕诺亚格’号在舰型上是完美的，在汽船中也是世界上速度最快的。”这一点毋庸置疑，当时世界上最快的船是“亚得里亚海”号商船，然而其在静水中也只以 15 节的航速行驶了 1 英里（（约 1.61 千米））。实际上，在接下来的 20 年里，也没有哪艘船的性能可与“万帕诺亚格”号匹敌。在其试航结束的半个世纪后，伟大的轮机工程师乔治·华莱士·梅尔维尔（George W. Melville）[①] 发表

---

① 乔治·华莱士·梅尔维尔（1841—1912），美国工程师、北极探险家、作家，引领了技术进步和变革，提升了海军工程师的地位。

了自己的观点，他认为："无论从哪个方面来看，万帕诺亚格号都取得了巨大的成功，而且从许多方面来说，万帕诺亚格号作为一艘蒸汽战列舰，是有史以来取得的最伟大的成就。"

换言之，"万帕诺亚格"号是一艘相当出色的舰船，它的设计、建造以及在海军服役的过程中有太多趣事，但在有限的时间里，我不知该从何讲起，也不知该怎样讲。所以，我打算从这艘船的历史中挑两三件特别有趣的事情，并在讲述的过程中加入我自己的一些思考。我想给大家讲一讲构思、设计并建造"万帕诺亚格"号的人的生平趣事。

这个人就是本杰明·富兰克林·伊舍伍德（Benjamin Franklin Isherwood）。他出生于 1822 年，是纽约一名内科医生的儿子。9 岁时，他被送去奥尔巴尼学院读书，5 年后因"重大违纪行为"被开除。我在研究 19 世纪的发明创造时总结出，在那个峥嵘的年代，那些在技术方面做出伟大成就的人，他们在接受正规教育时，最重要的一个经历就是"被劝退"。就算不是在学校惹的麻烦，也会有因金钱、酗酒、桃色纠纷或者自身因素而惹上的麻烦。对传统秩序的挫败感、对现状的厌倦感、对强势父亲的敌意、对虔诚母亲的反抗，显然，所有这些都促使他们产生了惊异、愤怒或恐惧的情绪，或恰好改变了他们所处的环境。如今，这通常会被称为创造力，人们也就此展开了一项重大研究，即在任何一家秩序井然的企业中，如何让一群适应力强的普通人都能拥有创造力。不管怎样，伊舍伍德在 14

岁时就被奥尔巴尼学院开除了，这让他踏上了正确之路。

随后，伊舍伍德开始在尤蒂卡和斯克内克塔迪铁路公司的工厂工作，跟着一名叫戴维·马修斯（David Mathews）的经验丰富的技工学习。不久，伊舍伍德又跟着继父戴维·格林（David Green）修建克罗顿高架渠，当时格林是修建该水渠的负责人。修完水渠后，伊舍伍德又回到铁路上，这一次他是在伊利铁路公司的工厂工作，跟着一名叫查尔斯·毕比·斯图尔特（Charles B. Stuart）的杰出工程师学习。此后，伊舍伍德又为财政部建造灯塔，自然而然地就对光和光学产生了兴趣。他设计了一些透镜，还去法国参与了透镜的批量生产过程。

回到美国后，伊舍伍德在纽约的“新奇铁厂”（Novelty Iron Works）工作，负责生产金属结构的各种铁制构件。1844年，伊舍伍德的老上司查尔斯·斯图尔特在工厂里找到了他，那时斯图尔特刚被任命为美国海军总工程师，于是给伊舍伍德在海军工程兵团谋了个差事。

之后几年，伊舍伍德跟着第一批汽船出海。当时只有六七艘汽船，而且这些船最初也不是按照汽船来设计的，所谓的汽船，不过是老旧的帆船加上了辅助的发动机。这些发动机很小且设计粗糙，还故障百出。伊舍伍德的工作就是让发动机持续运转，他在这份工作中学习到了很多东西，还了解了发动机驱动船只的方式。当时业界就各类齿轮机的相对优势，特别是就水轮机和螺旋桨推进器的相对优势进行过一场大争论。伊舍伍德那时曾设计出世界上第一个羽状轮，但他还是对高效的螺旋桨推进器更感兴趣。

实际上，当时人们对所有与蒸汽动力推进舰船有关的事情都争论不休且犹豫不决。其中最大的争论就是，中断汽缸中蒸汽供应的合理节点在哪里。一方认为，关于气体膨胀的波义耳定律（又称马略特定律）同样适用于汽缸中的蒸汽，所以可以早点儿切断蒸汽供应，也就是在汽缸中只加入少量蒸汽，主要让气体膨胀产生的能量做功。显然，这一观点十分经济节约，因此吸引了许多支持者。但在十九世纪四五十年代，一小部分人持反对观点，他们认为应该往汽缸中加更多蒸汽。伊舍伍德参与讨论时，双方的辩论已经不堪入耳，他支持“往汽缸中多加蒸汽”的观点，因而被反对方说成是“无知的 3 岁幼儿”“纯粹胡扯的商人”和“卖弄‘荒唐’的小贩”。

伊舍伍德想到，或许可以用实证来证实自己的观点，而不是诉诸人身攻击。于是，他从 1856 年开始就在闲置的军舰上做了一系列实验，其中最著名的要数 1860 年的“密歇根”实验——确实非常精巧。通过这些实验，伊舍伍德了解了许多关于蒸汽性质以及（利用蒸汽产生能量做功的）机械系统设计方面的知识。此外，他还证明了利用蒸汽膨胀做功的优势并没有反对方宣称的那么大，他还了解了许多关于汽缸尺寸、阀门设计和锅炉容量的信息。伊舍伍德从所有实验数据中得出了许多重要结论，其中一条是：简化蒸汽机既能解决问题，又能节约成本。有趣的是，这条小小的结论就像伊舍伍德证明过早中断蒸汽供应是一个极大的错误一样，惹恼了那些反对者。当时，大多数工程师都凭直观感知工作，他们试图建立起烦琐、复杂的机械系统来控制自己并不完全了解的新能量，这是非常无知的行为。我在我自己的领域及其他领域都见过这样的事情。通常情况下，人们对某个情况了解得越少，就越自命不凡。

伊舍伍德将自己在4年实验中得到的实证和结论写成了《蒸汽工程的实验研究》（*Experimental Researches in Steam Engineering*）这部巨著。几十年来，这些实证和结论成为设计蒸汽动力装置的基本资料来源，同时也是伊舍伍德为美国海军设计舰船发动机的基本依据。1861年，伊舍伍德被任命为海军总工程师。那时，海军名单上有90艘舰船，其中21艘由蒸汽动力推进。接下来的4年里，也就是美国内战期间，有600艘汽船被编入海军舰队，伊舍伍德亲自指导设计并建造了这些汽船的动力装置，这些装置简单、高效，且十分耐用。尽管当时遭遇了技术和政治因素的双重阻碍，伊舍伍德还是取得了后人称之为无与伦比的成就。如其所说："那时，机械技术领域处于混乱状态，除了因此产生的困难和挫折之外，自己在工作时还饱受精神和肉体上的巨大挫折和折磨。"

我花了这么多时间研究伊舍伍德，是因为：第一，他在1840—1860年间所做的事情与他后来设计"万帕诺亚格"号战列舰有很大关系；第二，在美国历史这部鸿篇巨制中，他的职业生涯或许只是其中一段虽然有趣但并不引人注意的文章中的一个小脚注。这段文章讲的是我们积累知识资本的方式，内战结束后，正是知识资本支持着我们发展自己的非凡工业。参与工业发展的许多人，实际上就是那些建造工厂的人，他们在内战以前就接受了多年训练，那时还没有伦斯勒理工学院、斯蒂文斯理工学院、凯斯西储大学、麻省理工学院，也没有加州理工学院。像从事钢铁行业的霍利和弗里茨、从事电气行业的威斯汀豪斯（Westinghouse）[①]和沙伦伯格（Shallenberger）[②]，以及从事土木工程行业的罗布林（Roebling）[③]都和斯图尔特一样，这些人都是在当地的铸造厂和小铁厂等小工厂打工时了解了相关技艺和行业。除此之外，他们还在海岸测量处、水文局、灯塔服务局和陆军工程兵团等政府部门工作过，最重要的是，所有那些狭窄的铁路和运河都是他们可以学习技术时最好的教育机构。这些参与工业发展的人就在那些形形色色的地方学习，在不断变化的学习内容以及简单却不断发展的技术中成长，并通过他们的努力加速了技术发展的进程。他们通常先从单一的技能学起，比如搅炼、锻造、铸造，随后被迫思考要如何将这一整套相关的技能整合起来，比如怎样循序渐进地把一个三辊

① 乔治·威斯汀豪斯（1846—1914），美国实业家、工程师、电气行业先驱，发明了空气制动器。

② 奥利弗·布莱克本·沙伦伯格（1860—1898），美国电气工程师、发明家。

③ 约翰·奥古斯都·罗布林（1806—1869），德裔美籍土木工程师，擅长设计钢索吊桥，著名的布鲁克林大桥即为其设计。

式轧机的零件完整地组装起来。通过这一过程，这些人又整合出了更大的技术体系，成就了工业化的美国。

回顾这些事情时，我想到自己花了这么多时间研究伊舍伍德的职业生涯其实还有第三个原因。我着实不知道，一个人到底是按部就班地从特殊情况到一般情况能学得更多、更好、更快，还是掌握了一般情况再将其应用到特殊情况中能学得更多、更好、更快？我想，这在很大程度上取决于人本身和具体的对象。但无论如何，伊舍伍德早期接受的指导教育独具特色，颇令人印象深刻。我之前讲过，他一开始只是作为一个学徒，制造一些不同的小玩意儿。但随着他先后在 3 个熟练技工的直接监督下完成了修理和再加工像火车头这样的大家伙身上装配的各种零件，伊舍伍德熟悉了各种材料及各类机械问题。通过示范，他还从熟练的技工那里得到了独具个人风格的指导。

随着伊舍伍德在经验中前行，深入了解更加详细复杂的情况，经验法则、无依据的直观感知或古老的惯例统统不再适用，于是他意识到需要更加深刻地理解自己的工作。因此，伊舍伍德才利用闲置军舰上的机械设计了那些精巧的实验。根据实验得出的数据，他总结出了有关蒸汽物理化学方面的一般特性，其中一位反对伊舍伍德观点的人称这些一般特性“只不过是他自己在书里瞎写的假设罢了”。然而伊舍伍德就是靠这些充斥在脑海里的假设，设计出了世界上最好的船舶蒸汽动力装置。

在我看来，所有这些因素都完美促成了一名工程师的智力发展。如果我理解准确的话，那么对工程师来说，他们一定会迫切地想要付诸实践，也就是迫切地想做那些零散、多样的事情，然后再把这些零散之事井然有序地整合在一起，或者将其组建成统一整体，使之真正运作。如果我理解透彻的话，这种迫切的实践是艺术家的一种冲动，是为了赋予某种组织观念以具体的形式。这种冲动似乎很难，也确实无法通过训练获得，而且有就是有，没有就是没有。事实证明，我们目前设立的任何正式教育机构都很难传授这种冲动。比如说，很少有院校能培育出小说家、诗人、音乐家和画家这类人，比起锻炼人的原始冲动或刺激人的艺术冲动，这些院校更擅长锻炼人的大脑皮层、增强人的调研和分析能力。

从传统意义上来说，这种冲动通常能在真正的学徒制中经过实际练习获得，而这正是伊舍伍德所接受的那种教育。但像我之前说的，他没有局限于简单地制作小玩意儿，而是开始关心起了理论结构。的确，在伊舍伍德整个职业生涯中，可以发现实践和理论之间最令人满意的平衡。

在美国的知识氛围中，实践和理论之间的平衡在很大程度上都极不稳定，或许世界上任何国家的知识氛围都是如此。因此，伊舍伍德是如何实现这种完美的平衡是值得关注的事情。顺应时代的要求，伊舍伍德始于实践——制造小玩意儿的工作，他一直保持着对这些工作的兴趣，而这似乎决定了其理论思考的界限。他为自己创造出的理论结构从来没有多庞大，却让他更好地认识了自己所做之事以及如何把事情做得更好。

现在，我们很难再看到小工厂和小运河，因此伊舍伍德接受的那种教育也很难再见到了。曾经的机器、机动车、发电机和电动机时常出现的问题，现在制造商只要有操作手册和零件箱就能轻松解决。更重要的是，我们如今使用的大部分机器都是飞速发展的科学所诞生的产物，它们非同寻常又新奇复杂。所以，我们的工程教育也越来越倾向于以理论思考为开端，这在物理科学和数学领域是坚实的基础。当然，现代工程教育从很多方面来看都是有好处的，只是这样一来，简单制造东西的冲动以及在该过程中将形式和功能完美结合在一起所需的所有直观感知都会逐渐消失。而且在我看来，如今这些直观感知可能会消失得更快，因为无论从知识层面还是职业层面，甚至是从社会层面来看，秉持科学态度显然是更加正确的事情。

在这篇文章的开头，我试图阐述一个观点，现在我发现自己在以一种不同的方式提出这个观点。在工程教育中，我们正避免接触单一、局限的情况，避免接触强抗性、难处理的物质，避免接触被一般理论所掩盖的特殊困况。在其他领域的教学中，也有这样的规避，或许在我们的经验中也屡见不鲜，这让我惴惴不安。比如说，我教的所有学生实际上都来自我们耳熟能详的美国顶尖院校，他们用词语去表达自己学到的基本概念，他们知道关于输入和输出、反馈、恋母情结、亚优势种、不确定性原理、宏观和微观、魅力人格体等所有概念，却少有人能把自己某个简单想法浅显易懂地表达出来。

说回伊舍伍德和“万帕诺亚格”号。大家应该还记得，伊舍伍德在 1861 年成为了海军总工程师，上任之初，他最关心的就是尽可能给所有的军舰都装上发动机，以加强北方美利坚合众国封锁舰队的实力。尽管伊舍伍德出色地完成了这项任务，但一开始，有关舰船设计的任何重大方面，他都少有话语权。美国海军的桑普森将军（Admiral Sampson）[①]曾说道：“风帆是主要的动力，无论如何，能承认蒸汽也是一种动力就已经是很大的让步了。”但随着战事的推进，某些影响因素的发展致使伊舍伍德和其他人跳出了这个相当局限的观念。

其中一个影响就是南方美利坚联盟国的“阿拉巴马”号驱逐舰在攻击商船时取得了胜利，该驱逐舰单枪匹马地摧毁了敌方的商船，给所有旁观者留下了极其深刻的印象。之所以有这次独立行动，一部分是因为“阿拉巴马”号的指挥官和船员富有想象力和勇气，更多的是因为该驱逐舰的航速。尽管“阿拉巴马”号的航速只有 9 节，但实际上这已经超越了当时所有的舰船。于是，海军部开始沉思：在战时，一艘快速、全副武装的舰船显然能摧毁一个国家的商业。而且在内战中期，海外形势的发展也进一步刺激了海军部进行思考。

1863 年，有消息称法国正试图劝说英国一起干预美国内战。

① 威廉·托马斯·桑普森（1840—1902），美国海军少将，以赢得美西战争中的圣地亚哥战役而闻名。

英国是否会采取行动还不确定，但也不排除有行动的可能，然而当时美国还没有能回应英国可能采取行动的对策。在此情况下，伊舍伍德向美国海军部长献策，建造一种能直击英国要害的新型舰船。他认为英国的要害不在舰队，而在贸易方面，“阿拉巴马”号已经展示了干扰贸易所需的条件。所以伊舍伍德的计划就是建造一种速度快、火力猛且续航力强的舰船。这些舰船将沿着商船的主要航道航行，一旦发现任何英国货船，就立即将其摧毁。如伊舍伍德所说：“这些舰船不是为荣耀而建，而是为商业而建，他们只是为了攻击敌人的钱袋子，让敌人在最脆弱的痛点上留下悔恨的泪水。”

伊舍伍德的观点得到了肯定，但由于这个观点太过新奇，海军部长吉迪恩·韦尔斯（Gideon Welles）希望以试验的心态建造新型舰船。于是在 1863 年签订了一份合约，约定由不同的人在不同的造船厂建造 4 艘新型舰船：伊舍伍德负责在政府造船厂建造 2 艘；约翰·埃里克森（John Ericson）[①]负责在私营造船厂建造 1 艘；爱德华·尼科尔·迪克森（E. N. Dickerson）[②]负责在一家私营造船厂建造剩余的 1 艘。

约翰·埃里克森是一个了不起的人物，他是设计“莫尼特”号铁甲舰的英雄，是一个经验丰富、富有创造力的工程师。迪

① 约翰·埃里克森（1803—1889），瑞典裔美籍发明家、美国海军工程师，曾改进螺旋桨推进器。

② 爱德华·尼科尔·迪克森（1824—1889），美国律师、机械工程师。

克森也是一个不同凡响的人物，美国海军3次煞费苦心的戏剧性失败都出自其手。他也是支持尽早切断汽缸中蒸汽供应、充分利用蒸汽膨胀供能的一方。此外，迪克森还是一名律师，他在写给国会和海军部长的信函以及发给报社的文章中都滔滔不绝地阐述了自己的工程理论，他还喜欢大量引用洗衣女工的话来巩固自己最专业的论点。一次在法庭上，他在一个无精打采的陪审团面前中断了对案件的总结，大谈与案件毫不相关的“美国海军现状及其失败的原因”。迪克森认为，海军失败的主要原因就是伊舍伍德及其支持较晚切断蒸汽供应的观点。

1863年，4艘新型舰船开始动工。我很想详细讲述每艘船在细节上的设计差异，但我现在只能简单讲一下伊舍伍德的设计。一开始，他不光考虑了发动机，还考虑了发动机和舰体的关系，这是一个十分新奇的角度。在这以前，人们只是按照惯例将发动机装在船底，就像后来人们把内燃机装在马车上，或者沿着古老的木桁架设计铁桥一样。迄今为止，人类显然只相信自己的想象力，并试图把自己的新奇想法放进熟悉的结构形式中，这让他们感到安心。不管怎样，伊舍伍德从两方面打破了现有惯例。首先，他设计了独特的动力系统，包括锅炉、发动机、传动装置和轴系，随后如其所说：“有点儿像是围绕整个内部装置建造出的舰体。”但是他在设计动力系统时，优先考虑了速度，所以他建造的舰体梁都很窄，整个舰体狭长圆润、呈现出精美的弓形，那确实是很漂亮的一艘船。

伊舍伍德还有一个新颖的设计，这让发动机以独特的方式将功率传输给螺旋桨推进器。他担心传统的连杆系统会在狭窄的舰体中产生振动，从而使整个舰船因晃动而开裂。因此，他造出一种新的传动装置，这也是“万帕诺亚格”号比埃里克森设计的舰船性能更加优越的主因之一。

这 4 艘新型舰船于 1863 年开始动工，直到 1865 年内战结束都还未完成，于是人们又就“该不该继续建造这 4 艘舰船”展开了诸多讨论。经济方面是一个原因，但另一个原因是：人们觉得这 4 艘舰船已经不值得再建下去了，因为这些舰船很明显是失败品。伊舍伍德负责建造的两艘舰船是人们攻击的主要对象，一家服务性报纸的社论中写道：“他正在用不切实际的蒸汽梦毁掉海军……如果我们全然谴责他的理论，也不过是在无可辩驳的事实基础上谴责他……在轮机工程行业的历史中，我们可以说，‘万帕诺亚格’级别的蒸汽装置在机械无能方面树立起独一无二的里程碑。”

尽管面临如此尖锐的批评，海军部长还是下令继续造船。于是在 1867 年年底到 1868 年年初，4 艘舰船相继完工。迪克森建造的“爱达荷”号率先下水，但屡出故障，甚至都没有完成试航，在 24 小时内的航速也只维持在 8.27 节。试航委员会报告说，“爱达荷”号“在任何方面都没有按照义务进行装配”，并建议它应被“谴责和拒绝，因为它完全不适合在海军服役”。

然后是埃里克森的“马达沃斯卡”号，这艘船比“爱达荷”

号表现得好，但它在海上很难驾驭，而且其航速从未达到额定航速 15 节的 2 节范围内。1868 年 2 月，“万帕诺亚格”号终于下水，它的表现我在开头就已经讲过了。它只需一两个人掌舵，在任何天气条件下都能完美驾驭，还比额定速度快 3 节，十分经济实用。如前文所述，“万帕诺亚格”号是世界上最出色的战列舰，它让美国海军领先了其他国家的海军整整一代。

我发现自己总是偏题。我的朋友埃德温·兰德（Edwin Land）[①] 是一个英雄般的人物，几年前他来到麻省理工学院演讲，称法律界有许多像布莱克斯通（Blackstone）[②]、柯克（Coke）[③] 和霍姆斯（Holmes）[④] 这样的人；医药界有许多像库欣（Cushing）[⑤] 和奥斯勒（Osler）[⑥] 这样的人；科学界有许多像巴斯德、波义耳（Boyle）[⑦]、麦克斯韦（Maxwell）[⑧] 和爱因斯坦（Einstein）这样的人，但在工程界很难找到这样英雄般的人物。兰德认为，工程师被剥夺了能让自己见贤思齐的英

---

① 埃德温·兰德（1909—1991），美国科学家、发明家，宝丽来公司联合创始人。

② 威廉·布莱克斯通（1723—1780），英国法学家、法官，著有《英国法释义》。

③ 爱德华·柯克（1552—1634），英国律师、政治家，伊丽莎白一世和詹姆士一世时期伟大的法学家。

④ 奥利弗·温德尔·霍姆斯（1841—1935），美国法学家、最高法院大法官。

⑤ 哈维·库欣（1869—1939），美国神经外科医生、病理学家和作家，第一个详细描述“库欣综合征”的人。

⑥ 威廉·奥斯勒（1849—1919），加拿大内科医生，被誉为“现代医学之父”。

⑦ 罗伯特·波义耳（1627—1691），英裔爱尔兰自然哲学家、物理学家、发明家、现代化学奠基人，以提出“波义耳定律”著称。

⑧ 詹姆斯·克拉克·麦克斯韦（1831—1879），苏格兰数学家、物理学家、经典电磁理论奠基人。

雄人物，这并不是一个小问题。我记得阿隆·科普兰（Aaron Copland）[①] 曾解释道，在七八十年前，一个美国作曲家要创作出所谓“最美国的严肃音乐”是一件非常困难的事情。科普兰在想到爱德华·麦克道威尔（Edward Macdowell）[②] 时说，如果麦克道威尔出生在欧洲，那么他就能创作出像舒曼（Schumann）[③]、门德尔松（Mendelssohn）[④] 或勃拉姆斯（Brahms）[⑤] 那样的交响乐。但在 1890 年，他能写出和谁风格类似的美国交响乐呢?

实际上，工程界也是有一些英雄的，比如伊兹（Edes）[⑥]、马可尼（Marconi）[⑦] 和伊桑巴德·金德姆·布鲁内尔（Isambard Kingdom Brunel）[⑧]，但这样的人确实是少之又少。我觉得并不是因为这个行业吸引不了英雄和伟人，而是因为这份工作本身有严格的局限性。法律有判例、化学有化学式、物理有方程、生理学有生理机能各方面的关系，这些事物一经发展，就会持续焕发活力并产生持久的影响力。但是，工程师解决问题的特定方法总体上有局限性，受时间、地点和单一性的限制。然而，

① 阿隆·科普兰（1900—1990），美国作曲家、作家。

② 爱德华·麦克道威尔（1860—1908），美国作曲家、钢琴家。

③ 罗伯特·舒曼（1810—1856），德国作曲家、钢琴家、音乐评论家。

④ 费利克斯·门德尔松（1809—1847），德国作曲家、钢琴家、指挥家。

⑤ 约翰内斯·勃拉姆斯（1833—1897），德国作曲家、钢琴家、指挥家。

⑥ 罗伯特·撒克斯特·伊兹（1838—1923），美国医生、神经学家、作家。

⑦ 伽利尔摩·马可尼（1874—1937），意大利发明家、电气工程师，无线电通信之父。

⑧ 伊桑巴德·金德姆·布鲁内尔（1806—1859），英国土木工程师，从事造船厂、铁路和汽船等的设计建造。

工具的更新迭代让许多建筑物快速过时，人造物远比一个想法消亡得还要迅速，工程界需要做的工作和从业者的比例又往往严重失衡。

以快被我们忘记的伊舍伍德为例：他平静地接受了艰巨的任务、激烈的反对和群众的讥讽等所有这些英雄主义的外部条件，还努力取得了令人瞩目的成就。还有一些不那么突出却更让人印象深刻的条件，同样造就了所谓知识层面或职业层面的英雄主义。伊舍伍德只关注船舶蒸汽机这一件事情，当时这种机器还很原始，周遭还充满了无知的误解。他通过努力，让船舶蒸汽机技术远远超越了当时的技术水平，这本身就是一个相当了不起的成就，但他并未就此止步。伊舍伍德又思考了船舶蒸汽机对其他所有相关元素的影响，钻研发动机传输功率的新方法，所以他不光是在船舶设计方面，在其他相关方面也取得了成功。有了速度快、续航力强且全副武装的舰船，伊舍伍德更进了一步，他得出结论：如果建造大量这样的舰船，或许就能改变现代海战的作战理念。于是伊舍伍德摒弃港口防御、封锁和独立行动的现有作战理念，提出了利用远洋舰队作战来全面控制海洋的新理念。他有力而清晰地阐释了这一理念，比阿尔弗雷德·赛耶·马汉早了 30 年，而且马汉所处的时代，所有的物质条件都已具备，他有理由总结出这样的理念。这种改革不仅体现在工具本身，还体现在对工具使用方式更普遍的影响的理解上，在我看来，这种改革就是所谓英雄观的产物。

当然，伊舍伍德是那个时代的宠儿，如今对计算机来说已经是常规操作的小问题，可在那时都是危险的未知。把伊舍伍德带入海军的查尔斯·斯图尔特，因建造了横跨尼亚加拉河的大桥而闻名于世，然而那时大部分资历较深的旁观者认为，这座桥根本承受不住汽车的重量。但还是那个时代，一名工程师可以独自建造一座桥、一个发动机、一个动力装置等。因此在某种程度上，伊舍伍德也算是被迫从特殊的惯例中脱离出来，转向了一般性的思考，也被迫投身于工程界的事业。

今时不同往日，至少这样的情况变少了。我们已经有了新的方法来解决复杂的难题，也就是将难题分解开来，把每个小难题分别转交给各领域拥有专长的人。不仅工程界如此，甚至近期涌现出许多英雄的各个知识领域都是如此，或即将如此。诞生出玻尔（Bohr）[①]、狄拉克（Dirac）[②]和泡利（Pauli）[③]的时代条件正在发生变化。比如，在夜间观测中微子的问题上就没多大可能实现个人英雄主义。

无论这是不是坏事，这里就先不讨论了。在我看来，我们花了这么多时间思考19世纪的事情，似乎可以想出一些办法来解决技术或其他方面的难题，这些办法可以让人们更多地考虑整个难题，而不是只考虑其中的一小部分，还可以让人们考

---

① 尼尔斯·玻尔（1885—1962），丹麦物理学家，提出了玻尔模型。

② 保罗·狄拉克（1902—1984），英国理论物理学家，对量子力学和量子电动力学的早期发展做出重要贡献。

③ 沃尔夫冈·泡利（1900—1958），奥地利理论物理学家，量子力学奠基人之一。

虑到或看到难题中几个小部分与整体之间的关系，以及整个难题和其他事物之间的关系。

我们最后再回到“万帕诺亚格”号战列舰上来。试航结束的一年里，“万帕诺亚格”号一直在大西洋服役。1869 年，海军部长任命了一个海军委员会，要求委员会军官报告不同造船厂造出来的所有汽船的情况，“万帕诺亚格”号也在审查之列。

美国第 41 届国会第二次会议（1869—1870）第 1 卷第 1 部分第 1411 号文件对船员的整体工作氛围进行了详细描述。委员会报告称，汽船没有成为供军官或其他人学习的航海学校，“懒洋洋地监视着汽船或像个消防员和运煤工那样工作，根本不能培养出有胆识、有力量且有技能的水手，而这些在过去正是美国水手必备的优良品质；此外，过去在帆船上能锻炼水手的观测力、敏捷性和指挥力，如今在汽船上的日常训练却并未在指挥官的亲自监督下进行，这无疑是可悲的。”

带着这种先入为主的观念，委员会开始审查“万帕诺亚格”号，总体发现如下：

第一，锅炉炉篦表面面积比浸水船中剖面的面积还要大，而通常情况下这一比例是 1:1.6，委员会表示“这一点十分不同寻常”。

第二，按委员会的话来说，“万帕诺亚格”号的长度可能会明显缺乏纵向刚度，由此产生的影响让人困惑。

第三，委员会进一步解释说，“万帕诺亚格”号的长度从侧面看尤其会成为敌人的攻击首选。

第四，委员会表示，可以推断，像“万帕诺亚格”号这种船在海上很可能会发生横摇，从而无法平稳地航行。

第五，任何排水量大的舰船都“很难稳定在同一个位置”。

第六，与其他风帆巡洋舰相比，“万帕诺亚格”号上的桅杆安装在了一个根本无法单独使用风帆的位置上。

这是一份关于“万帕诺亚格”号的详细清单，海军委员会从中得出了公认的结论：这艘船“显然是一个可悲的失败品，且完全不适合再继续服役”，早点儿退役就“谢天谢地”了，任何方法都挽救不了它，它就是一个“十足的失败品”。

最有趣的是，委员会在报告中提到的所有“让人困惑不解的”“可能发生的”“从早期经验来看显而易见是缺点的”“十分不同寻常的”及“合理推断的”事情在实际情况中都没有发生。“万帕诺亚格”号的试航结果表明，它在恶劣天气中表现良好，转弯和操控都十分敏捷迅速，如海军部长的两位特别观察员所报告，“万帕诺亚格”号实际上非常“平稳”“高效”且“灵巧”。

由于海军委员会 1869 年所出具的报告，“万帕诺亚格”号连同伊舍伍德建造的另一艘性能优越的舰船“安蒙努塞克”① 号被共同闲置了一年，随后在新伦敦被海军接收，并更名为“佛罗里达”号，几年后就被拍卖了。

---

① 音译，原文为 Amonoosuc，经查应为“Ammonoosuc”。

如今看来，海军委员会的那群人愚不可及，他们在技术方面有一个糟糕的先例，而且其试图争辩的方式更是糟糕。他们比反对更精准的海军火炮射击方式的那些军官好不到哪儿去，大约 13 年前，我还嘲弄过那些军官。那时，我总结出在我们所处的世界中，采用新方法做事是标准的操作程序，在我们还没因自身的盲目抵制所产生的压力而动摇或瓦解前，我们最好认识到这一点，从而尽早进入适应性社会。也就是说，我们要像伊丽莎白时代的人或文艺复兴时期的意大利人那样生活，在“亲身参与适应的过程中”找到新的救赎，并在“迎合千变万化的时代中找到安全感、满足感、欢乐和活力”。

那时我的观点其实很简单：那些军官之所以反对新型射击系统，是因为他们深受根深蒂固的观念所累，受制于围绕不同射击系统而建立起来的一系列情感。这次，我的本意是再次使用之前那一套来解决这件事，把火炮等价交换成舰船，这样就能讲明白以前的水手根本不了解的事，因为他们也只是被文化束缚住了。

因此，我要再解释一下文化背景。首先，委员会所有的军官都成长于风帆动力时代，那时引入蒸汽动力只是一种妥协。除了这一直接的职业环境，还有整体的文化氛围，我们可以称之为时代条件，有两名看好“万帕诺亚格”号的军官曾对其中的一些条件进行了令人钦佩的描述。然而，他们却在另一份报告中向海军部长解释道，“由于现在是和平时期，海军建造万帕诺亚格号的初衷已变”，所以应大刀阔斧地对其进行改造。

实际上在那个时期，和平有三个层面。比如说，那时海军大副们会在给海军部长的报告中用斜体写道，铁甲舰“是战争时代保家卫国的必需品”，他们却反对建造铁甲舰，因为在和平时代，“一个国家的弱点不该引起不必要的恐慌”。那时建造军舰的理由很多，大副们对此做出了明确阐述，他们说：“我们认为，由于目前海军造船厂有大量合适的木材供应，应该利用经济需求，考虑东部工人对木船建造的熟练度、工人生计、国家木材资源，以及建造一定尺寸坚固、高效且经济节约的木船的可能性，万吨级的船舶应用橡木做船架，用黄松木做船板。”

研究至此时，不适感愈发强烈。我开始明白，尽管“万帕诺亚格”号在实践中证明了自己，但它仍是一个失败品，这一点不光是从理论中推断出来的，还有其他因素加以佐证。那时，“万帕诺亚格”号是独一无二的，自然也没有竞争对手。由于它生于战争时代，因此在和平时代毫无用处。从后续事情来看，海军委员会做出“万帕诺亚格”号应被谴责的决策格外有分量。即使“万帕诺亚格”号试航结束的许多年后，也就是比其正常预期寿命还要久远的许多年后，海军也没能造出一艘速度可与之匹敌的舰船，但它仍旧没有用武之地，正如委员会军官所料，世界一直处于和平状态。像我刚才说的，我一想到这些就会有一种越来越强烈的不适感。这些愚蠢的军官不会是对的吧？我想起夏洛克·福尔摩斯（Sherlock Holmes）的睿智判断，这位大侦探在关于灯塔和驯养的鸬鹚事件中隐瞒了事实真相，如其所说，世界还没准备好接受这个案件。那么，“万帕诺亚格”号也是如此吗？

回顾这些事情时，我开始觉得自己更像是爱德华时代而非伊丽莎白时代的人，更像是兰佩杜萨（Lampedusa）[①]而非切利尼（Cellini）[②]。实际上，我无法让自己相信那些军官对“万帕诺亚格”号的处理方式是正确的，但我觉得他们的看法在今天是很值得思索的。我再陈述一遍他们的观点，其中有一部分体现在逻辑证明、数学表达式和可量化元素等现代决策的惯用语中，比如炉篦面积和浸水船中剖面的比例等，但他们随后又提到了其他因素。那些军官天真地表明自己是被反对“万帕诺亚格”号的情绪所打动，只是单纯地不喜欢这艘船，并在官方报告中简单粗暴地解释了原因。他们对水手及其拥有的责任、精神和使命感都有明确概念，但那些懒洋洋地监视着汽船的人却没有这种概念。进一步讲，那些军官的世界可以通过橡木船架和黄松木船板联系在一起，因此根本不需要除此之外的无关事物。

这些军官声称，“万帕诺亚格”号在当时的社会中是一种毁天灭地的力量。一旦这些人意识到，“万帕诺亚格”号发动机的力量足以碾压人类赖以生存的方式时，他们即刻就洞悉了

---

① 朱塞佩·托马西·迪·兰佩杜萨（1896—1957），意大利作家，代表作《豹》。

② 本韦努托·切利尼（1500—1571），意大利金匠、雕塑家。

机器的本质，并且认识到，任何一种机器如果被放任不管，它就会逐渐建立起对自己有利的条件，从而创造出适合自己的环境，再将人类引诱进来。设计任何一种机器的目的只是让其分担一部分人类的工作，但它往往会消耗人类的另一部分精力。

在我看来，这种见解发人深省。

自“万帕诺亚格”号下水以来，我们不断完善技术发明体系，这一体系已经为我们创造出了一个崭新的世界。这些发明常常通过语言和其他符号增强我们的体能，还增强了我们感知、探测、沟通和思考的能力。而且最近，即使计算机没有增强我们的思考能力，也在某些领域加快甚至取代了我们的这种能力。

有了这种发明体系，我们便能成倍生产商品和服务，逐渐在曾经望而生畏的物质环境中占据优势。随着工具的逐渐发展，新思想不断涌现。渐渐地，我们不再是无知的，而是掌握了知识和力量，甚至能衡量一切事物的存在。无论是前者还是后者，其中的寓意都令人生畏。

通过技术发明体系，我们或许正在创造一个自己无法忍受的局面。或许不久后，我们还会在速度、规模、复杂性、力量和变革速度方面，创造出超出普通人应对范围的一系列条件。

如果我所说的都对，那么如海军军官一样，我们的任务就是认识到机器的破坏性力量，并通过更加富有创造力的方式来应对并抗衡这种破坏性。具体来说，我们的任务，或者说其中一个任务就是要制造出一种机器，这种机器不光会工作，还会在人类自然反应的范围内和支持下继续工作。

我已经想到了可以率先下手的地方。加州理工学院的费曼（Feynman）[①] 教授提出一个很实用的想法，他认为我们应在适当的领域中缩减工具的规模和效用，把工具尽可能缩小，使其置于可理解的范围内。同理，在速度上也一样：伴随技术发展而来的其中一个扭曲的副产物，就是时间的流逝，因此我们可以寻找一些延缓发展节奏的方法，使人类能够正常反应和适应。在复杂性方面也一样：一些机器太过复杂，以至于我们要花大量的时间去了解它，就像我们要花大量的时间去真正了解自己一样。

我想，我们还应注意到，任何特定机械系统的效率通常都超出了效率低下的人类体系所能承受的范围。在任何时候，人类总是比思维单一、愚钝的机器有更多彷徨的欲望、有更多将做之事，因此我们或许可以从这一点出发，来对一些事物进行规划。比如，一个显而易见的起点就是我们所处社会的中心机构——工厂。在现代工厂中，所有工人，或者说几乎所有在现代化机器旁的工作者只开发了自己的一小部分能力。在这种情况下，工人要忍受非人的条件，既拿不到高薪，也缩短不了工时，还被剥夺休闲活动所带来的感受和活力。多年来，工业生产仍

① 理查德·费曼（1918—1988），美国理论物理学家。

然需要人类的参与——这是当下工业社会的一个重大失败。因此，我们或许可以想象，在工厂中有哪些设计及规划事物的方法，可以让人类在用机器进行生产时得到更大的满足、更全面地表现自我——甚至在生产过程中找到乐趣，即使这会减损生产力，长此以往，还会招致巨额损失。

我要说的是，长久以来，我们的技术设计取决于尽可能高效地应对某些外部需求，比如开采更多的煤，让人类的脚步走得更远更快，为更多的人群开发出更多种类的商品等。所有这些都是为了增加我们相对于自然的优势。如今我们取得的成就已经超出了所有的合理范围，当然，这些成就确实令人惊叹。但是，我们在机械方面取得的重大成就可能会营造一种无法自洽的氛围。因此，我们的技术设计或许要更多地考虑内部需求。

奇怪的是，这正是那些老海军军官们在努力做的事。我并不是赞同他们的解决方式，但我尊重他们有意识地发现问题。他们之所以能意识到这个问题，是因为他们已经形成了“自己想要成为什么”的观念，并带着一系列责任、使命和情感，去检验周围出现的机器。从这一个角度来说，我们能从这些军官的事例中获益，但这并不意味着我们要毁掉所有的新机器，变成查尔斯·珀西·斯诺所说的勒德分子，因为我们还有其他出路。

我曾在引进巴氏杀菌机上做过很多研究，研究的成果在本书最后一篇文章中有部分详细介绍。这里只需注意到，5 个完全不同的社会用完全不同的方式利用了巴氏杀菌机，并用完全不同的方式掌握了该工具的使用方法。我觉得这令人很欣慰，因为它表明，如果有一个足够明确的计划、一套足够严格的监管体系和一种文化习俗，那么人类就能施加一定的影响、改进机器的设计以使其在文化和人类界限内做真正有用的工作。

我的想法很简单，如果我们能多加思考，相信我们今天也能做同样的事情。但是我认为，近期我们花了太多的时间改进机器，之后我们应该集中精力在其他目的上。问题主要不是与工程或科学性质有关的问题，而是与人类有关的问题。

07

第七章 「几乎是最伟大的发明」

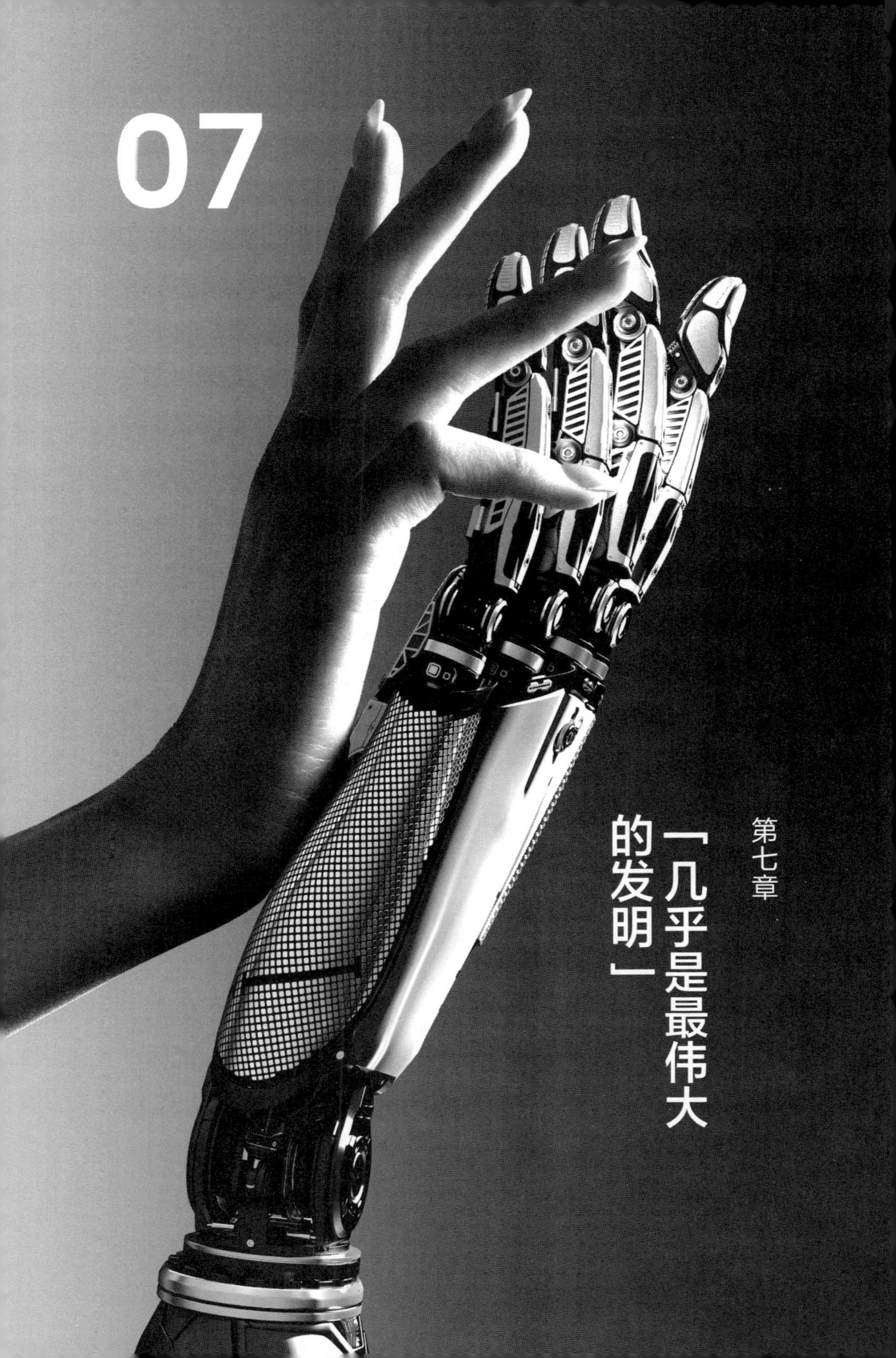

第一部分　漫长且昂贵的实验

1862 年春天，一段贝塞麦钢轨铺设在伦敦和西北铁路公司卡姆登货场的两条相邻的铁轨间。[①] 接下来的 24 小时里，有 4000 辆货车驶经这条铁路，大约 20 秒一辆。据估计，之后两年，有 2000 万个轮子驶过这条铁路，而它依旧躺在原位，“几乎没有任何磨损”。而同一时期，与之相邻的铁轨已更换了 7 次。

3 年后，即 1865 年 5 月，北芝加哥轧钢厂生产出美国第一条贝塞麦钢轨，并在接下来的两天里又生产出了 5 条钢轨。第二天，一些从事冶铁业的人就从各地赶来，这些人里有 1 名美国参议员、3 名女士和 4 名陌生人。对一个来自密歇根州怀恩多特的人来说，需要经过 3 年的辛勤劳作才能产出铺设铁路的

① 本篇文章写于 1954 年，较之本书其他章节结构松散、文笔粗犷，本应放在本书开篇部分，但其对技术创新并未进行深入研究。

钢材，北芝加哥轧钢厂能迅速生产钢轨的消息就像“荒野里遮阴的巨石”[①]。那些在芝加哥参与过实际生产的人认为，把生产出来的第一段铁轨放在特里蒙特饭店的大厅“供人们瞻仰”是一件十分有意义的事。

这些人并没有错判这一成就的重要意义。1860 年，美国有 5 家企业共生产了大约 4000 吨钢。40 年后的 1900 年，美国的全国钢产量达到了 1000 万吨，这其中大多数钢甚至都不是用贝塞麦转炉炼钢法生产出来的，但从这个差距来看，在卡姆登货场的那条货运铁路和北芝加哥轧钢厂生产出来的 6 条钢轨有可能是钢产量急剧上升的部分原因。

钢产量飙升的本质尽管没有通过生产数据完美地体现出来，却在艾布拉姆·休伊特（Abram Hewitt）[②]的一席话中得到了阐释。休伊特亲历了 1840 年美国的钢材生产过程，并以某种方式进行了观察，对该过程可谓是了如指掌。1892 年，休伊特曾说：

> 我认为贝塞麦先生的发明几乎是这个时代最伟大的发明，这不是通过化学或机械属性来衡量的，而是通过这一发明对社会和管理结构的巨大影响来衡量的。

---

① “荒野里遮阴的巨石”：出自《圣经·以赛亚书》。

② 艾布拉姆·休伊特（1822—1903），美国教师、律师、钢铁制造商，曾任美国民主党全国委员会主席。

> 贝塞麦先生的发明是特权的劲敌，是垄断的毁灭者，还将是财富的平衡器……只要人们研究过这项发明对运输、降低食品价格、削减租金、消除权贵特权的影响……就会关注这项发明，从而更能理解个中含义。

70年后，人们或许会对这一详细阐释的准确性持保留态度，却没有人会严重质疑大规模生产钢材对社会乃至管理结构的影响。这些在技术和社会方面的奇迹，在某个人想到把空气吹入生铁熔池炉时就发生了。

炼钢记事

铁矿石、焦炭和石灰石一起加热可生产出生铁。生铁通常含有磷、锰、硫、硅、碳和大量铁元素，钢也包含这些元素，只是比例有所不同。这二者真正的区别在于：生铁中的碳元素含量为3.8%，而钢中的碳元素含量为0.4%。因此，简单地说，炼钢的难题就是如何简单快速地降低生铁中的碳含量。直到19世纪中叶，人们还在用和几个世纪前相似的方法来解决这个问题，即利用碳对氧的强亲和力来降低碳含量。方法有很多，这里我们只需关注其中一种：把生铁放在熔炉的木炭层间，升高炉温，就会产生化学反应，在此过程中，碳从生铁中析出，并与木炭中的碳一起发生氧化还原反应，燃烧后的生成物就是熟铁或可锻铸铁，也是钢的一个种类。

这种炼钢法和其他方法一样，其过程十分缓慢，说它耗时6个星期都毫不夸张，而且该方法生产出来的是固态钢而非液态钢，数量还十分有限。由于耗时长、产量小，因此，当时的成品钢价格十分昂贵。在19世纪中叶，全球钢产量非常少，1860年整个欧洲的钢产量估计仅有25万吨。而同一时期，铁作为金属市场的主要交易品，仅英国就能生产出大约400万吨。

1856年，亨利·贝塞麦阐述了新的炼钢法，消除了限制钢产量的因素。贝塞麦的报告称，往大量熔化的生铁中吹入空气并不会使其冷却，反而会使其剧烈燃烧，从而除去生铁中的碳和其他一些微量元素。这一过程中，硅、锰、碳会和空气中的氧气结合，形成可燃物或可燃气体，燃烧后就剩下了相对纯净的铁。

需注意的是，成品钢中需要含一些碳和锰。一开始，贝塞麦试图在燃烧完成之前停止吹入空气，以便在成品钢中留下足够多的碳和锰，但这种相当草率的方法无法将元素含量控制在合理的范围内。后来有人想出了一个好点子，即先把所有的碳和锰烧掉，再按需进行精准添加。这种添加物被称为增碳剂或镜铁，是碳、锰和铁的三重化合物。贝塞麦转炉炼钢法在商业上能取得成功，直接取决于控制增碳剂使用理念的发展。因此可以这样形容该炼钢法的重要意义：增碳剂的应用，使人们第一次能在20分钟内生产大量液态钢（2.5吨），进而将液态钢铸成任何想要的形状。

继续讨论之前，我要指出，上述内容足以解释和准确描述贝塞麦转炉炼钢法所涉及的一般理论，但它绝不是精准、完整的内容。比如，铁矿石、生铁和钢的成分差异要比这里提到的大得多，而且也没有详细解释在贝塞麦转炉中“吹入”空气的过程中到底发生了什么。在这激动人心的20分钟炼钢过程中，发生了一系列复杂而有趣的化学反应，而其中涉及的某些被忽略的想法以及必要工序中的一些精妙想法，都可以从下列叙述中得到：亚历山大·霍利（Alexander Holley）[①]曾说：“锰和硅的特性，以及两者在炼钢过程中的比例，都是经过漫长且昂贵的实验，从猜测走向科学的结果。”

思想传播

了解了这种炼钢法及其具有的重要意义，我们就可以来研究产生这个想法的根源。1855年的某天，亨利·贝塞麦将生铁放进熔炉中熔化时，无意间将两块生铁暴露在了空气流中，而它们本应放在火源中。时间一到，贝塞麦打开熔炉，才发现了这两块生铁，它们已经“变成了薄薄的脱碳铁壳”——这就是贝塞麦钢。贝塞麦将其称为“神奇的事情”，接着得出一条重要结论：“无须搅炼或其他操作，仅大气中的空气就能使灰铸铁脱碳，转变为可锻铸铁（贝塞麦钢）。”

① 亚历山大·霍利（1832—1882），美国机械工程师、发明家，美国机械工程师协会创始成员。

显然，每个达尔文背后都有一个华莱士（Wallace）[①]，8年前的1847年，另一个人通过相似的方法得出了相似的结论。这个人就是威廉·凯利（William Kelly），他是肯塔基州埃迪维尔市的铁壶制造商。有一天，凯利在“精炼炉的火苗边缘”放了一块生铁，这块生铁更多地暴露在空气中而不是热源中，随后当他打开炉门时，看到了一块未熔化的金属——脱碳铁，随即得出“空气也是燃料”的结论。

此时很方便我们进一步地思考巴斯德的见解，即运气偏爱有准备的头脑。首先来谈谈运气本身：本案例中，运气在有些时候的确起了作用，因为早在贝塞麦和凯利打开炉门发现钢之前，“钢可能就作为副产物”出现在许多年久的锻造炉和熔炉中。如前文所述，钢是意外炼制出来的，但观察到这一偶然产物的人却没有准备好得出贝塞麦和凯利所得出的结论。简短来说，研究一下这两人拥有的特质或许有些用处。首先是他们的个性和思想，读过两人传记的人就会发现，他们是十分独特且富有创造力的人。贝塞麦有更多的发明记录，因此在发明创造领域要更成功一些；而凯利在总结出“空气也是燃料”以前，仅在生产铁壶方面独创出了一套工序。而这只是表面的相似，两人在本质上也有共同之处。贝塞麦和凯利在得出结论前，都开始质疑自己在工作当中使用的一般工序。法国皇帝曾要求贝塞麦

① 阿尔弗雷德·拉塞尔·华莱士（1823—1913），英国博物学家、探险家、地理学家、生物学家，独自创立了“自然选择”理论。

设法改进制造军械所用的金属；凯利虽然没有这样明确的意图，但让他头疼的是用来制造木炭的木材要用光了。要说凯利是在寻找替代品就过于夸张了，但很明显，他必须要解决木炭短缺这个迫在眉睫的问题。因此，公平地说，这两人都在盘算如何另辟蹊径。最后，两人都不是从事冶铁业的人，这或许是最重要的相似之处。贝塞麦曾设计过生产玻璃、天鹅绒、糖和青铜粉的机器，42 岁时才受命于拿破仑三世，开始改造金属的相关实验；凯利 30 多岁时从纺织品转行做铁壶生意。用社会学家的话来说，在某种意义上，他们是边缘人，也就是处在技术或职业边缘的人，因此不像那些经过长期训练或养成职业习惯的人那样，被枷锁所束缚。更积极地说，在发现与正常结果有偏差的意外结果所具有的意义方面（即发现“神奇的事情”的意义方面），贝塞麦和凯利要比其他人自由得多，因为他们的思想和预判没有局限于常规实践。

不仅是这些个人特质让两人捕获机遇，环境因素也功不可没。第一是那时的技术水平经历了几代的原地踏步，终于开始慢慢变化。刚刚过去的几年间，人们改进了送风系统，建造了更大的熔炉；对化学在冶金方面的地位有了越来越多的理解；随着科学知识逐渐深入人心，人们还为观察研究设计出了更多的系统方法。换句话说，人们正在创造一个有适当信息和工具的环境，在这个环境中，人们会有越来越多的机会，不仅能想出“空气可以作为脱碳剂”的点子，还能在包容开放的大环境中实现并发展这个点子。实际上，在 1845 年至 1856 年间，英国、美国和德国也有一些人在炼钢过程中比贝塞麦和凯利更有意识地利用了空气，但是这些人都失败了。我们可以推测一下，这种失败是否因为他们太过刻意和系统地想要得到凯利和贝塞麦得出的惊人成果，这一点很有意思。

第二个有利因素包含在持续性地渴求钢材的环境中。像铁路这样的新型运输方式、电报这样的新型通信方式，以及建造桥梁和大厦可能会用到的新型建筑结构都创造出了新的需求，而铁已经无法完全满足这些需求。说到这里，想必已经有观众带着求知若渴的热情准备好聆听两位发明家的发现了。

在思考运气、有准备的头脑和有利的环境之间的相互作用时，还有一个很让人满意的补充说明。人们已经注意到了贝塞麦和凯利在适当条件下能做的事情，而发现两人不能做的事情也是很有趣的。我们之前说过，贝塞麦和凯利新型炼钢法的商业成功（同样也是技术上的成功）取决于向脱碳铁中加入镜铁。这两人在得到初步结论后，都试图将最终成品中的碳含量控制在可接受的范围内，但试了几个月都没能成功。他们想方设法地中止转炉内的反应，努力控制未燃烧炭的量，但由于他们对转炉内发生的反应了解不充分，所以失败了。在如今看来，解决问题的方法非常简单，但曾为那名来自费城的女士赢得了所有小彼得金们[①]瞠

① 来自费城的女士、小彼得金们：美国作家柳克丽霞·黑尔所著儿童故事集《彼得金一家》中的人物。

目结舌的赞赏。这个方法就是一直向炉内吹入空气，直到所有的碳从生铁中分离出来，然后再根据需要添加适量的炭。然而凯利和贝塞麦都没有想到这一点，提出该方法的是罗伯特·马希特（Robert Mushet）①，他是首次在吹入空气后将碳、锰、铁的化合物加入转炉中的人。这里也出现了一件“神奇的事情”：马希特多年来一直在用镜铁做实验，但在贝塞麦转炉炼钢法问世以前，他根本没找出镜铁的实质用处。正如托马斯·斯特尔那斯·艾略特（T. S. Eliot）②所说，历史有许多曲折的通道。③

现在我们可以清楚地看到，关于炼钢新工艺的知识是如何进入公共领域的。凯利在1847年得出“空气也是燃料”的结论后，他在接下来的10年间，在自己的工厂附近建造了一批小型实验用转炉，以检验自己的结论。为了不让认为发明家就该集中精力制造铁壶的岳父发现，凯利将转炉建在了一片小树林里。并且要想藏好转炉，就得想出个比这更聪明的方法来瞒过多疑的旁观者，但那时有关凯利所作所为的小道消息已经传了出去。一段时间后，凯利生产出一些小钢坯和锅炉板的消息也传了出去，但这些小道消息和实际的证据并未激起多大水花。尽管远在北部和东部——比如辛辛那提的人们注意到了凯利在肯塔基州偏僻树林里的小动作，但除了找他买铁壶的客户，没

---

① 罗伯特·马希特（1811—1891），英国冶金学家、商人。

② 托马斯·斯特尔那斯·艾略特（1888—1965），英国诗人、评论家、出版商，被誉为20世纪影响最大的诗人之一。

③ 历史有许多曲折的通道：出自托马斯·斯特尔那斯·艾略特所作诗歌《枯叟》。

人对此有太大兴趣，并且都劝凯利继续用传统的老方法制作铁壶。1857 年的金融恐慌导致凯利破产，他在埃迪维尔的实验也被迫中止。凯利孤身前往宾夕法尼亚州，在约翰斯敦的坎布里亚的铁厂找了份工作，随后他在工厂里又通过两次实验来检验了自己的结论。第一次实验是灾难性的：鼓风时气流太强烈，把熔化了的金属吹散到空中，这个被称为“凯利的烟花”的表演多年来为约翰斯敦的当地人所津津乐道。在第二次实验中，凯利成功生产出来几个小钢珠和一块较大的钢板。这些成果引起了坎布里亚总经理丹尼尔·约翰逊·莫雷尔（Daniel J. Morrell）的注意，但由于公司正忙于应对金融恐慌，他也无暇顾及此事。

凯利历经 10 年的实验，得到了如下反响：邻近各州的人听说坎伯兰山谷有一个人在用“空气沸腾法”炼钢；凯利的铁壶客户要求其停止实验；埃迪维尔和约翰斯敦工厂里好奇的旁观者有时被逗乐，有时受到惊吓，有时感到疑惑，有时又钦佩非常。据现有记载，10 年后，有一个从事冶铁业的聪明人注意到了凯利，这个人也曾接触过这种新型炼钢法。

贝塞麦在英国的情况要好一些，像凯利一样，他在得到初步结论后也开始着手进行实验，他也建造了一个实验用转炉，不久就生产出少量合格的钢材。1856 年夏，他向鼎鼎有名的工程师乔治·伦尼（George Rennie）展示了这种钢，恰好伦尼那年是英国科学促进协会机械分会的会长。于是，他说服贝塞麦写一篇论文，向专业协会讲述自己的发现。尽管贝塞麦很不情愿，但他还是在1856年8月11日科学促进协会的工程会议上以“无化石燃料炼制可锻造钢铁”为题进行了系统分析。

会议开始前，这篇论文的题目和涉及的想法曾引起哄堂大笑，但这笑声并无恶意，人们在接下来的讨论中仍抱着期待的心情。詹姆斯·内史密斯（James Nasmyth）[①]对贝塞麦用于展示的一小块钢材爱不释手，他说：“先生们，这对英国来说是真正的金子，它的商业价值超乎想象。”接下来的宣传程度也让人大吃一惊，不光是英国，整个欧洲大陆的报纸和行业杂志都对此进行了全面详细的报道。1856年9月16日，贝塞麦在切尔滕纳姆做完分析报告的5个星期后，《纽约论坛报》在一星期内刊登了3则公告，完整描述了贝塞麦转炉炼钢法。因此，在贝塞麦介绍完该炼钢法两个月后，消息就通过冶铁业传至大众，人们很快就采取了相应行动。英国和法国于1856年率先建起转炉，紧接着，瑞典于1858年、德国于1862年先后建造了转炉，甚至连远在印度的金奈都也于1861年建起了转炉。

凯利和贝塞麦的经历形成鲜明对比，引人深思，人们可以对交流沟通、理论和实践之间令人困惑的关系进行细致入微的思考。比如，许多旁观者明显对凯利笨拙的实验结果，如产品性能不稳定、“凯利的烟花”等失去了兴趣，不光对实验中出

① 詹姆斯·内史密斯（1808—1890），苏格兰工程师、哲学家、艺术家，蒸汽锤的发明者。

现的副作用望而却步，还对该实验的未来走向困惑不解。伦尼在劝说贝塞麦写论文时，贝塞麦认为这种新型炼钢法还不一定能在商业上取得成功，但前者偶然说的一句话很好地描述了凯利的观众和贝塞麦的观众之间的差距。伦尼说：“你不必对此讳莫如深，铁器制造商自然会看到所有必要的小细节。”在接下来的几年里，贝塞麦学会放下烦恼，铁器制造商也逐渐从容不迫地调整了小细节。但伦尼明白，与概念相关的技术因素只是小问题，本质、重大突破和非凡的机遇都蕴藏在想法本身的合理性当中。此外，这个事件表明，作为一种交流新思想的手段，阐述言之有理的一般理论要比倚仗实际验证有用得多。实际验证的缺点是，旁观者可能会觉得验证者能做得更多；而阐述一般理论的优势是，把理论依据摆在旁观者面前，会让其感觉自己能做以前做不到的事情。当然，这一切都是以有准备的观众为前提，这样人自然而然地就可以转向这些观众，传播新的思想。英国除了科学促进协会，还有发展相当稳定的冶铁业，冶铁业是当时英国发达的工业经济的主要支柱之一。但美国却没有类似的协会，只有苦苦发展的冶铁业缓缓推动自己进入尚且处在发展初期的工业经济。

前面讲的是关于一种新工序的起源和启示，实际上也和“学习过程”有关，即在什么样的条件下，创新者如何想到一个新点子，又在什么样的环境中以何种方式传播给更多观众。简单来说，就是人们如何发掘新事物。在本案例中，人们可能对佐证材料不太熟悉，有些观测结果也不在预料之中，但这并不能说明此处涉及的都是全新的思考。1856 年，《纽约论坛报》的一个编辑似乎深谙了一切。他在报纸上完整详细地描述了贝塞麦转炉炼钢法后，大量信件突然如潮水般涌入办公室，信上说这个炼钢法要么是骗人的把戏，要么是弥天大谎。面对这些信件，这位编辑总结说："每项创新都会被质疑，如果它的本质很简单，产生的结果却很重要，那么就会遭到质疑。贝塞麦先生的发明似乎就是这种情况——其他人离这项发明（发现）太近了，以致无法理解为什么自己就得不出这样的结果。"最后，他还提到为什么美国的冶铁业会停滞不前，"为什么我们的铁器制造大亨不能像国外那样有附属的实验室？在对我们的工厂进行科学且实际的研究之前，我们的进步一定是缓慢的。在一种情况下，意外能导致进步，那么在另一种情况下，意外就能导致演绎推理。"

掌控试验

到目前为止，我们主要考虑了贝塞麦转炉炼钢法知识发展方面的问题，现在来说一下商业发展问题。这里对这个问题的研究将仅限于最初阶段，美国企业如何在钢铁生产中应用这个方法，这一阶段或许可以称之为试验阶段。这项调查的第一步应该在美国专利局展开。1856 年秋，亨利·贝塞麦的一位代表来到了美国，索要"将空气或气态物质送入熔融铁中，将其炼成钢”这种方法的专利权，还附带了一张机器的草图以支持这一诉求。这种机器是一个名为“转炉”的大型容器，外形像梨，安装在耳轴上，底部有一些称为“风口”的小孔。炼贝塞麦钢时，转炉会盛满铁水，再从风口处吹入空气，随之引发一系列剧烈的化学反应，生铁中的碳因此分离。反应结束后，倾斜转炉，就能从顶部的炉口将液态钢倒入模具。

1856 年 11 月 11 日，亨利 · 贝塞麦被授予了这项专利。然后事情就不得了了：没过几天，威廉 · 凯利的一名律师就出现在专利局专员的办公室，“请求（对贝塞麦）提起诉讼，并给我一次机会来证明谁拥有优先发明权”。

专利局应允了。1857 年 4 月 1 日，一群工人作为证人签字证明，他们早在 1847 年就在肯塔基州埃迪维尔帮助凯利使用空气炼钢了，“就是坎伯兰河水淹没堤岸的那年。”这个证据说服了专员，4 月 14 日，专员宣布：“授予凯利这种炼钢法的优先发明权。”于是在 1857 年 6 月 23 日，专利局“将冷空气或热空气吹入液态铁”这项专利授给了凯利，凯利还展示了炼钢容器的草图，这个容器设计简单，没有耳轴，外形笔直，也不会转动。然而就在凯利的专利公布不久前，1857 年 5 月 26 日，罗伯特 · 马希特因镜铁的使用获得了另一项美国专利。

专利局的文件如此有趣，让人忍不住想多说一些。比如，查尔斯 · 卡吉尔（Charles Cargill）写信敦促专员拒绝凯利的要求，理由是自己“早在 1842 年就得出完整成熟的理论了”。然而，在这封信写完的3天后，即4月1日，卡吉尔就出现在专员面前，却是代表凯利索要炼钢法的专利。贝塞麦的律师也写信过来，指责专员“决策不公且令人作呕，阻止贝塞麦先生为证明其发明日期而使用自己的外国专利或印刷出版物”。专员还有一项裁决，决定J. G. 马丁（J. G. Martin）是第一个想出向装在管子里的熔化金属吹入空气的人，而凯利是第一个想出向钢包中的熔融金属吹入空气的人。

这些文件和其他相关资料确实展示了与分配应得专利权相关的最终明细，但这里，它们只作为次要的信息。我们只需知道，到1857年年中，炼钢法的几个部分，即使用空气、机器和必要的添加剂的概念都变成了美国专利。但是这些专利分别为不同的人所持有，凯利在卡吉尔的帮助下后来也被授予了专利权，尽管贝塞麦专利与凯利专利概念相同，但其机器要优于凯利的机器，因此也保留了专利权。自此，这场在专利局上演的长达9个月的风波落下帷幕。但在开始制造贝塞麦钢时，美国人民还不知道究竟需要使用哪项专利。

在早期试验阶段，如何获取专利，在美国要如何以及在何地生产第一批贝塞麦钢，如何解决模糊不清的专利分类等，是美国人民面临的主要问题。其中有些问题，尤其是有关专利的问题本身就十分枯燥乏味，每条专利记录都必定包含名字、日期和具体细节，这些信息在缺乏有意思的背景下很难被记住。这些专利记录如果充分拓展，几乎是永无止境的，但幸好，它们可以被简化为更易理解的信息。

接下来，我们可以把凯利的专利看作是有关整个炼钢方式的专利，把贝塞麦的专利看作是有关机器的专利，把马希特的专利看作是有关必要添加剂的专利，这样有助于理清思路。像专利案常用语言一样，这种较为宽泛的说法还可以进一步细化和限定，但这里表述的只是专利的核心要义。每个想要炼制贝塞麦钢的人都必须掌握这 3 项专利，牢记这一点对我们理解主要问题会很有帮助。

第一个重要的日期是1862年。那一年，埃贝尔·布罗克·沃德（E. B. Ward）①、梭黑·德菲（Zoheth Durfee）②、丹尼尔·莫雷尔等一拨人准备去购买凯利和贝塞麦的专利，同时雇用了威廉·德菲（William F. Durfee）在密歇根州怀恩多特开始建造贝塞麦炼钢厂，新厂址离底特律约 10 英里（约 16.09 千米），就在沃德所拥有的高炉和轧制工厂的基础上建造。威廉·德菲开始建造炼钢厂时，压根儿没见过转炉，他的赞助商们也还没得到任何专利权，但他的堂兄弟梭黑·德菲尚在英国，且对得到贝塞麦的专利信心满满，看起来好像只需“静待产权到手……使用他（贝塞麦）的发明似乎已在意料之中”。于是，威廉·德菲照着费尔贝恩（Fairbairn）③所著《钢铁制造史》（*History*

① 埃贝尔·布罗克·沃德（1811—1875），美国实业家、钢铁和轮船制造商。

② 梭黑·德菲（？—1880），美国发明家、制造商。

③ 威廉·费尔贝恩（1789—1874），苏格兰土木工程师、结构工程师和轮船制造商。

of the Manufacture of Iron）中复制的贝塞麦炼钢机器的草图，秉持“事物的普遍真理到处适用”这一理念，开始建造炼钢厂。

1862 年至 1863 年间，威廉·德菲慢慢建造起炼钢厂，同时沃德等人也在积极获取专利。1862 年年底，沃德等人在贝塞麦处受挫，但在与凯利家族的人经过漫长的谈判后，于 1863 年取得了凯利的专利权。随后，通过梭黑·德菲高明的交际手腕，他们又取得了马希特的美国专利权。在这两项专利的基础上，“凯利气动加工有限公司”成立，其合伙人除了沃德、梭黑·德菲和莫雷尔，还有来自密苏里州拥有铁矿床的舒托[①]、瓦尔（Valle）、哈里森，来自匹兹堡的詹姆斯·帕克（James Park），沃德在底特律的一个朋友莱昂（Lyon），罗伯特·马希特及其两个朋友，以及威廉·凯利的 4 个女儿。无论是拥有一项专利权、一个高炉还是一个矿床，只要有人手里拥有炼钢法所需的某部分资源，其他人就会带着朋友一起加入这家公司的合伙人行列。但尽管如此，沃德和莫雷尔在公司中仍具有决定性的影响力。

1864 年夏末，威廉·德菲在合伙人的监督下建成了炼钢厂，该炼钢厂可以“通过大规模试验检验”气流式炼钢法，以应用于商业生产。威廉·德菲花了两年半的时间，将鼓风机、浇包、用于熔化生铁和镜铁的炉缸、转移液态和固态金属的起重机以

① 皮埃尔·C. 舒托（1789—1865），美国商人。

及转炉组装在一起，而这大部分靠的是他自己的头脑以及他所秉持的“事物的普遍真理到处适用”的理念。这是一项十分了不起的成就。除此之外，德菲还在厂里建造了美国第一个隶属于钢铁厂的、真正意义上的实验室。

“1864 年 9 月初的某天”，怀恩多特的这座炼钢厂大规模地生产出美国首批贝塞麦钢（足有 2 吨）。这里应该注意一点，生产这批钢所用的转炉明显侵犯了贝塞麦的专利权，而且是在取得马希特专利权的 6 个星期前生产出来的。

当密歇根这边进行得热火朝天时，纽约州特洛伊市几乎同时也在进行一项试验。1863 年，亚历山大·霍利说服几家大型企业的合伙人伊拉斯塔斯·科宁（Erastus Corning）①、约翰·奥古斯塔斯·格里斯沃尔德（John A. Griswold）②和约翰·弗拉克·温斯洛（John F. Winslow）③对贝塞麦转炉炼钢法进行调研。霍利也像梭黑·德菲一样去了英国，他在 1864 年年初回国时也同样没能取得贝塞麦的专利权，但在支付专利使用费的基础上获得了批量生产贝塞麦钢的许可。此外，他在 1863 年 12 月 31 日签署了一份协议，买下了贝塞麦美国专利的 3 年期权。以此为基础，格里斯沃尔德、温斯洛和霍利口头约定，在奥尔巴尼 & 伦斯勒铁厂的基础上单独建造一个试验型炼钢厂，格里斯

① 伊拉斯塔斯·科宁（1794—1872），美国商人、政治家。

② 约翰·奥古斯塔斯·格里斯沃尔德（1822—1872），美国商人、政治家。

③ 约翰·弗拉克·温斯洛（1810—1892），美国商人、钢铁制造商。

沃尔德和温斯洛享有大部分权益。

经过深思熟虑和不懈努力，亚历山大·霍利在纽约州特洛伊建了一座和密歇根州那座工厂性质差不多的炼钢厂，只不过它的第一台鼓风机是靠水力而非蒸汽运作。1865 年 2 月 15 日，在怀恩多特的炼钢厂生产出第一批钢的 5 个月后，特洛伊也生产出了第一批钢。需注意的是，在特洛伊生产出的这批钢仅侵犯了马希特的美国专利权，而这项专利权已经掌握在怀恩多特那边。

1865 年年初，在贝塞麦偶然发现钢的 10 年后，美国的两家试验型炼钢厂都成功证明了钢可以批量生产，只不过双方都侵犯了对方手中掌握的专利权。

在缺乏外界刺激的情况下，很难说这种情况能持续多久。怀恩多特方面直到 1865 年都在尝试设计一种转炉，希望能成功剔除受贝塞麦专利保护的“转动”特性，但均以失败告终。特洛伊方面也努力尝试开发镜铁的替代品（主要是铬的衍生物）来进行实验，也全都宣告失败。在这种“嫉妒作祟和激烈竞争的情况下”，尽管成功近在咫尺，但双方都不敢向对方进攻，也不愿投降。幸好出现了外界刺激。两个不同的地方实实在在地生产出了贝塞麦钢这件事吸引了“一群宾夕法尼亚人”的注意，他们与凯利气动加工有限公司接洽，以在支付凯利专利使用费的基础上获取批量生产钢的许可。这群宾夕法尼亚人的法律顾问研究了专利的总体情况，认为他们最需要的其实是贝塞麦的专利许可。于是这名法律顾问向特洛伊方面的律师团队（布拉奇福德、苏厄德和格里斯沃尔德律师事务所[1]）提出此事，随后该律师团队首次研究了起诉怀恩多特方面公司的可能性。那时的人们普遍认为，一家自身侵犯了马希特专利的公司所提起的诉讼根本解决不了问题。但该做的还得做，钢是能生产出来的，人们对炼钢也表现出了十分急切的心情。

于是动用了不可抗力。1865 年 7 月，贝塞麦自被授予原始专利以来，首次拿出了在机械方面取得的 5 项美国新专利，这些专利源于其在 1860 年至 1865 年间所取得英国专利的复制品。随后在 1865 年 12 月 7 日，温斯洛和格里斯沃尔德通过其法律顾问布拉奇福德[2]，以 8000 英镑的价格买下了贝塞麦所有专利的期权。1866 年 1 月的第 1 个星期，他们又将这些专利许可授予宾夕法尼亚人。有了专利权的支持、现有的工厂以及另一些利益许可（尽管这种许可并不包括使用镜铁的权利），温斯洛、格里斯沃尔德和霍利试图与怀恩多特方面的人达成协议。

然而，怀恩多特方面的心情并不愉快。威廉·德菲建造的实验室被他所谓的“罪恶的辛迪加”拆除了。随后，他于 1865 年年初离开了公司，他的经理职位也迅速轮换了 3 次，3 位继任者在设计新型转炉方面都未能取得太大进展。此外，众多合伙人之间也产生了分歧：有些人希望公司扩张，有些则希望公

① 布拉奇福德、苏厄德和格里斯沃尔德律师事务所：纽约著名律师事务所。

② 塞缪尔·布拉奇福德（1820—1893），美国律师、法官。

司缩减规模。面对有实力、有组织、有财力、有经验还有法律基础的特洛伊方，本就结构松散的凯利气动加工有限公司最终分崩离析了。于是双方达成协议，共同持有凯利、贝塞麦和马希特的专利；特洛伊方的温斯洛和格里斯沃尔德以及怀恩多特方的莫雷尔成为托管人，共同负责管理专利许可的发放；所有利润的 70% 分给特洛伊方，30% 由莫雷尔分给怀恩多特方。经过 6 个月的争论和谈判，他们最终于 1866 年秋天签订了这份协议。人们一直认为这是一份不可思议的协议，为什么怀恩多特方能牺牲两项专利去换取三分之一的利润？这显然并不是个难解的谜团。组织结构松散、技术困难和利益分割磨灭了沃德以及其他同事的希望，抑制了他们的潜能。他们之中只有一个人得偿所愿，那就是丹尼尔·莫雷尔。自从凯利在坎布里亚公司的工厂上演了烟花秀以来，莫雷尔就一直想要炼制贝塞麦钢，于是在 1861 年，他建造了一个小型转炉；1862 年，他加入凯利气动加工有限公司；现在，他终于成为具备所有炼钢所需条件并将这些条件掌控在手中的三者之一。1866 年，布拉奇福德写信给温斯洛，感谢后者在协议签订后送来的一桶威士忌："现在一切尘埃落定，或许你能挣点儿钱了。"伴随着这封信，试验阶段也就此落幕。截至 1866 年 12 月，两家公司都生产出了符合商业数量需求的钢材，合并了生产权，还发放了专利许可给第三家公司。随着新年的到来，扩张阶段（确切来说是发展阶段）也即将到来。

在讲述新阶段之前，我们最好再详细研究一下试验阶段的一些事情，看看到目前为止，这些用日期和名称简单堆砌起来的专利中是不是还有其他更深层次的信息。

如果一开始就解决了这些专利问题，结果一定是令人满意的。拥有创造力和持久毅力的人应该致力于研究专利在创新过程中的地位，无论是在历史中的地位还是人们希望其拥有的地位，都应有所涉猎。但现在还没有这种研究，只有许多见解，比如在 1951 年，美国专利局专员向全国制造商协会提出："美国专利提供了一种条件，使人们可以在力所能及的范围内竭尽所能，还在我国社会发展中实现了最大限度的解放。"这些话过于夸张和强势，在审查中甚至会被视作不当言论。但在本案例中，专利制度毫无疑问地延长了试验阶段、加剧了试验者工作的复杂度，显然也没能保护专利人所享有发明优先权的权益。实际上在试验阶段，最重要的是信息交换，而专利制度把整个事件变成了类似军事场合会发生的事情，在其中，敌对势力无法获取高度机密的信息。最终这一局面也是被军事史上经常发生的极具讽刺意味的情况所拯救，破坏权利保障使整个专利体系从保护罩变成了耗资巨大的麻烦事。特洛伊和怀恩多特都将大量精力投入了寻找转炉设计和镜铁替代品的努力尝试中，如果将这些精力投入对已有设计和方法的改进上则会更加有益。事实上，人们对炼钢的强烈冲动使得双方不顾专利制度的限制，实现了必要的"解放"和自由。只有钢被炼制出来后，人们才开始高度重视专利所赋予的权利，随后在这种重视的基础上建立起一个稳定的企业结构，以此控制未来的工业生产。

人们自然期望从事冶铁业的人能热切地去钻研贝塞麦转炉炼钢法，但几乎没有人主动探索这种新型炼钢法，这也许是整个试验阶段最令人感到挫败的一件事。1855 年，也就是人们了解到转炉炼钢法之初，这成为“世界上每一个炼铁地区……一场彻底的革命”的源头；1856 年，人们认识到这种炼钢法拥有“超乎想象的商业价值”；1857 年，该炼钢法被全面阐明并传播到了全世界；1863 年，贝塞麦在切尔滕纳姆发表论文的 7 年后，美国只有 4 个人或仅有一些组织认真调研了这种方法的可能性。那些年，任何人都可以不用完全购买专利权就能获得专利许可，因此人们普遍不愿探索贝塞麦转炉炼钢法的情况就更令人难以理解了。

第一个能想到的解释是，贝塞麦转炉炼钢法涉及的风险之大，以至于除了最有胆量的人，其他人都不敢触碰。确实有一些证据能证明这点：19 世纪八九十年代，关税委员会或国会委员会面前的证人总是长篇大论时代的恐怖，像苔丝狄蒙娜（Desdemona）① 一样，他们也钦佩经历了重重危险的先驱者，但主要谈的还是早期工厂共计损失的数百万美元以及在诉讼中花费的巨额款项，产生的影响则是整个行业都处于风雨飘摇中。

---

① 苔丝狄蒙娜：莎士比亚著名悲剧《奥赛罗》中的角色。

毫无疑问，这类证词在当时很受用，但实际上它一点儿都不准确。1863 年，霍利在动身去英国前，曾致信给一位朋友，说如果自己成功拿到了贝塞麦的专利许可，温斯洛和格里斯沃尔德预计会“花大概 3.8 万美元建造工厂”。看起来，霍利提到的是花钱买专利权的费用的可能性较小，而且这个数目和当时建造小型工厂的成本——也就是和当时建造那两个试验型贝塞麦炼钢厂的成本十分接近。无论在特洛伊还是在怀恩多特，所有费用加起来都不可能超过 6 万或 7 万美元。顺便说一句，特洛伊方面除了一些差旅费和一桶威士忌的费用，唯一的花费就是诉讼费了，而这笔钱似乎也出现在了布拉奇福德给温斯洛的账单上，从 1865 年 2 月 1 日到 1866 年秋天，这笔诉讼费共计 2594.06 美元。

所以，即使在那个年代，涉及的财务风险也似乎都微不足道。比如，1854 年，宾夕法尼亚州的 6 个人能拿出 18 万美元重组一家铁厂，而这家铁厂还未建成就破产了；再比如 1862 年，温斯洛和格里斯沃尔德向亚伯拉罕·林肯（Abraham Lincoln）承诺，如果铁甲舰失败了，他们将承担一切费用，而这笔费用大约为 25 万美元。

虽然说风险不是财务上的，但也不能说完全没有风险，我们必须进一步寻找更加满意的解释。我们已经注意到，1855 年的人们预言，随着转炉的出现，“世界上每一个炼铁地区都会面临一场彻底的革命”。几乎没人期待这场彻底的革命，十九世纪五六十年代，从事冶铁业的人也有充分的理由反对革命，只因这会改变他们的命运。那些年他们辛苦整合着有望为现代炼铁工业出力的要素，把分散在各个偏远地区且用于服务农民的高炉、锻造炉、熔炼炉和轧机搬至城市附近。在此过程中，这些从事冶铁业的人在某种程度上是在进行一场自我的革命。的确，这场革命归因于不得不应对全国不断上涨的铁需求，但他们用技艺、智慧、远见和一些创造力在新形势下采取了行动。到内战时期，集中生产和加大产量的目标都取得了巨大进展，比如在匹兹堡，1850 年该市 14 座工厂消耗了 5.4 万吨生铁；7 年后，该市工厂增至 21 座，消耗生铁 13.2 万吨。

所有这些创造性的活动大多都发生在宾夕法尼亚州，和现在一样，那里的人们或许会寻求行业的主导思想，而且回顾这些年，这样的主流态度和考虑在约翰斯敦司空见惯，该市的坎布里亚铁厂所发生之事就是整个宾夕法尼亚州所发生之事的缩影。坎布里亚铁厂始创于 1852 年，创立 6 年间，经历了火灾、金融恐慌、两次重组和接连不断的技术难题，该公司所有者致力于建立一个在财务和机器方面都具有良好基础的企业组织。到 1858 年，他们完成了这个相当宏伟的目标，建造了一座拥有高炉、熔炼炉、轧机以及三辊式轧机的高产综合型铁厂。约翰·弗里茨（John Fritz）的三辊式轧机是项了不起的创新，他在原先的单轨道基础上又加了一条轨道。这 6 年里，坎布里亚公司的所有者表现出信心满满、坚毅顽强、百折不挠和突破常规等所有令人惊叹的品质，但也表现出了对贝塞麦转炉的反感。从 1857 年该公司总经理丹尼尔·莫雷尔首次将贝塞麦转炉引入公众视野，一直到试验阶段落幕的这段时间，坎布里亚公司的所有者拒绝了所有劝诱，不愿对这种新型炼钢法进行调研。

这些人的反抗有几方面原因。首先，他们集中所有精力试图将一家摇摇欲坠的企业稳固在良好的基础上，以至于没有多余的时间和精力去考虑其他不相关的事情。其次，这些人是保守的，而事物却是新鲜的、不断发展的。他们太过盲目以至于看不到机遇、太过迟钝以至于无法理解新鲜事物。最后，他们是从事冶铁业的人，土八该隐（Tubal Cain）[①] 教给他们的第一条规矩就是贸易要稳定。这些解释中许多都只是描述，都不太能让人满意，也几乎都不是真实的原因。为了找到一个更有说服力的解释，不妨先假设坎布里亚公司的所有者确实都明白新思想的意义，但没做好以身涉险、接纳新思想的准备。如前文所述，他们已经投身于一场自我革命，并在其中表现出了卓越的勇气和智慧。但其在革命中一直在和熟悉之事打交道，只是简单地把高炉、熔炼炉、轧机这些设备分别进行了修整和改进，或者干脆把它们一股脑儿丢进新系统中，使其生产出更好的旧事物。因此，坎布里亚公司的所有者也只是在熟悉的环境中运用熟悉的元素来工作，他们走的每一步都经过精心计算，他们也能精准地控制自己的决策和行动所产生的影响。然而，转炉

① 土八该隐：《圣经·创世纪》中的人物，是打造铜铁利器的始祖。

引入的新元素带着奇怪的特征和未知的能量进入了他们的视野，它的运作可能会以某种人们无法预测、理解和控制的方式扰乱甚至改变环境。

另外，坎布里亚公司的所有者还被要求自愿接纳这种奇怪的新方法，为了应对日益高涨的铁需求，他们对企业进行了整合，但人们对钢却没有这种迫切的需求，所以他们并未感到困扰。接纳转炉意味着他们要自愿放弃自己在熟悉可控又有利可图的市场中拥有的权益，转而进入一个需求不确定、收益也不明朗的市场。

最终，坎布里亚公司的所有者陷入了与员工、竞争对手和客户之间错综复杂的关系网中，还对此产生了依赖，这些关系是慢慢围绕铁的生产和销售周密地建立起来的。通过辛勤劳作和不懈努力，他们在一成不变的同行和团体中处于领先地位。然而现在，他们突然遭遇了一种新方法的冲击，这种方法不是用来炼铁，而是用来生产铁的替代品。这个新事物真的不会破坏他们好不容易赢得的竞争优势，迫使每个人退回到一无所知的状态重新开始吗？用钢取代铁，真的不会把冶铁业中保障生活的风俗、习惯、程序和等级制度安排也一并取代吗？在此背景下，转炉更像是对准围城的弩炮，而非商业工具。

1857 年，人们获取贝塞麦转炉炼钢法这个聚宝盆如探囊取物，但谁不都愿伸手触碰，这个原因想必大家现在已经很清楚了，而且我们似乎也找不到比这更好的解释了。如果研究一下美国仅有的那几个试图获取并开发贝塞麦转炉炼钢法的人，这个解释会更有说服力。这几个人就是怀恩多特方面的埃贝尔·布罗克·沃德、丹尼尔·约翰逊·莫雷尔、詹姆斯·哈里森（James Harrison）、皮埃尔·C. 舒托（P. C. Chouteau）、詹姆斯·帕克、德菲两兄弟，以及特洛伊方面的伊拉斯塔斯·科宁、约翰·奥古斯塔斯·格里斯沃尔德、约翰·弗拉克·温斯洛和亚历山大·霍利。这其中最重要的人物要数作为推动者的沃德和温斯洛，威廉·德菲和霍利在工程知识方面的贡献将在稍后分别讨论，当然这里讨论的大部分内容对他们也同样适用。遗憾的是，我们无法花时间详细研究每一个人，一方面，只研究他们的共同特征总归欠妥；另一方面，对这些人进行单独研究也是既吸引人又成果颇丰的课题。但就当前目的而言，总体研究还是更有效的。

先来看一个实例。怀恩多特和特洛伊的两座试验工厂实际上是定位于美国主要炼铁区的边缘地带，这个位置很有象征意义。要说这两座工厂涉及的所有人都处于冶铁业的边缘则有些过分，确切来说，这里提到的几乎所有情况中涉及的贸易都只是这些人总体收益的一部分。除此之外，他们还从事采矿、航运、报刊、木材、房地产、畜牧、粮食、皮草贸易、政治和铁路等行业。如坎布里亚代表了宾夕法尼亚州的技术现状一样，埃贝尔·布罗克·沃德涉猎到的业务活动也反映出了上述人员的相关业务范围。1840 年，沃德白手起家组建起自己的产业王国，包括五大湖的17艘船、中西部地区的4座轧制工厂、卡尔·舒尔茨（Carl Schurz）[①]任编辑的1家报刊的主要权益、密歇根州的8万英亩（约323.75平方千米）木材、威斯康星州2000英亩[②]（约0.81平方千米）的矿区、底特律的大片地产，以及沃德自己担任总裁的佩尔·马奎特铁路公司[③]。诚然，沃德是具有产业多样化和商业成功的夸张象征，但他并不是一个错误参考，因为这些人即使没有涉及全部行业，至少也涉猎了其中的大部分行业。十九世纪五六十年代，大量的能源、资源和机遇向人们开放，他们都是那个经济大发展年代的受益者。面对翻涌的机遇，人们挑得眼花缭乱，他们根本不明前因，也不知后果。在这种情况下，一些有良好判断力的人大胆想到，他们不必试着去挑选最有利的机遇，大可遍地撒网。于是，他们从采矿到熔炉、轧机、铁路、房地产，再到木材，一路顺着逻辑发展下去，没有时间也没有欲望将精力只集中在一件事情上。

如果这样的经历没有引发人们焦躁不安的情绪，那么就会引起他们的新鲜感和探究之心。比如，约翰·弗拉克·温斯洛（John Flack Winslow）一开始是一家证券经纪公司的职员，后来在纽约进入冶铁业，和纽约中央铁路公司的首任总裁伊拉斯

① 卡尔·舒尔茨（1829—1906），德裔美籍政治家、记者、革新者。

② 英美制地积单位，1英亩约合4046.86平方米。

③ 神父马奎特铁路公司：全称“Flint and Pere Marquette Railroad”，弗林特和神父马奎特铁路公司。

塔斯·科宁合伙，摇身一变成了铁路建设专家。内战时，温斯洛参与了“莫尼特”号的设计建造，战后担任伦斯勒理工学院校长，后来又分别担任了一家小型铁路公司和一家桥梁公司的总裁。

这一切并不是说这些人是被偶然爆发的力量推搡着向前发展的，而是他们会利用自然逻辑选择自己的事业，通常还会小心谨慎地盘算机遇，贝塞麦转炉就是一个典型的例子。梳理一遍这些人的传记，会发现它们的共同主题就是铁路公司——霍利曾写过一本关于铁路公司发展实践的书；科宁、沃德、温斯洛和丹尼尔·莫雷尔都是铁路公司总裁；詹姆斯·哈里森为从密苏里州购买太平洋铁路公司谈下了7000万美元的贷款，诸如此类。铁路公司不仅是钢铁需求大户，在十九世纪五六十年代，他们还在寻找改进铁轨的方法。转炉的出现指明了前路，于是熟悉铁路公司和铁轨生产的人自然而然地就开始琢磨起这种新方法。

要是能多讲一点这些人的故事就好了，他们是多么有趣又独具吸引力，光靠读其书信、其友人的回忆、当地历史或报刊对其的记载或其他所有追踪其足迹的寻常方式都无法探查全貌。毫无疑问，他们看到了赚钱的良机，也有自己的小爱好，通过《旧约》的只言片语、英国诗人甚至是年代更久远的抒情诗人所著的残章断句，他们可以清晰优美地表达自我、传递思想，因为“特洛伊的语言总是经典不朽”。更重要的是，他们好像不仅对环境中巨大的机遇充满信心，还一直维持着自己作为市长、大学校长、科学考察组织者等团体成员的形象。与其说这些人投入的是金钱（他们大部分都非常富有），不如说他们投入的是精力和判断，还将这种精力和判断投入了各行各业。总的来说，他们在职业生涯中倾注了热情和尊严。在满是出了名的狭隘、阴郁、喜欢强迫他人还甚觉优越的人群中，能遇到这些包容、有韧性、一心为公且鼓舞人心的人是一件多么愉快的事情。而这，就是所谓的“时代”。

这两家公司的人就是创新者，他们不必为冶铁业中建立起来的做派和偏见负责。由于多样化的收益渠道，他们可以相对自由地评估任何新工艺的意义，并将自己的精力和智慧投入新工艺的发展中。这些创新者在权衡贝塞麦钢的利弊时，不是考虑它在冶铁业中能给自己带来什么影响，而是考虑它能为自己利益所在的铁路公司解决什么问题。发掘任何个性或做派中的一致性是一件很有趣的事情，贝塞麦转炉的历史就是例证。在19世纪60年代，这些人倾尽全力，努力地将创新建立在坚实的基础上，这种几乎被忽略了的品质贯穿了他们行动的始终。1866年，试验阶段结束后，一部分主推者似乎失去了兴趣：沃德不再积极参与炼钢，转而进入处于高度试验阶段的平板玻璃行业，还在美国建造了第二家工厂；温斯洛在52岁时退出，将目光转向公共或私人领域大大小小的事务中去了，格里斯沃尔德也是如此；舒托和哈里森则回到圣路易斯，继续处理他们的大事去了；只有莫雷尔和霍利两个人坚持了下来，使得新型炼钢法更上一层楼。

试验阶段的其他几个方面也引起了人们的关注。首先是所谓的一般氛围，这些创新者一直在人与物的阻力中前进。如其中一人所说，他们最初在漆黑中前行，看不到一盏明灯，一切都是虚无缥缈的。在这种条件下，这些人要想在技术荒漠中实现突破，就免不了要在错误、曲折的道路中摸索。回想 1865 年 2 月在特洛伊发生的 3 次试验，“鼓风 10 磅（约 4.54 千克）；吹炼了 22 分钟；容器不够热；钢包水口尺寸太小——只有 1 1/8″；产生 29.8% 的废料；20.2% 的损耗；金属从风口一侧的底部流出来，不得不用水阻挡；水轮机（鼓风机）轴系腐蚀，需要停机；在此期间，容器被拉长了 18″；炉坑变大；替换新的风口和钢包水口；渗碳炉尺寸增加了 6″”。

反复试错；试验、修正。试验、故障、变革、修正就是慢慢把机器装配在一起的途径。大部分都是屡发的小意外，但也有大事故。一次，怀恩多特的一名粗心的工人把两吨熔化的金属倒进了只有几加仑水的冷却池中，结果引起了爆炸，一名前来视察新型炼钢法的美国参议员被爆炸产生的冲击波震到了房间的另一头，还把埃贝尔·沃德震出门外，摔到了废料堆里。沃德在给德菲的信中写道：“快来看看你的助理，再过一阵儿他就要杀人了。”有关克服技术障碍的细节，大家可以自行想象，但所有这一切都应被铭记。细数试验早期之事，损毁的零件、成品中的残次品、日程结束后疲惫的身心，都让“挫败的阴霾”在心头萦绕不散。罗伯特·亨特总结说，那些日子里，想让试验圆满成功，就得抱着“一种成全的信心”[①]。

疲惫不堪的人们面临的不仅是技术障碍。当时所有试验都是在众目睽睽下进行的，而那些旁观者的“脑袋里只装得下流行于16世纪初的思想”。怀恩多特轧制工厂的那些管理人员和工人，那些“认为地球是平的、月亮是不会移动的反光体、气流流经熔化金属会使其‘冷却’的人设置了所有可能阻挡成功的障碍”。他们用粗鲁的言语中伤德菲的心灵、用阴谋诡计破坏他的工作，还成立了“罪恶的辛迪加”毁掉了他的实验室。德菲给这种反对行为专门起了一个具有象征意义的名字——“不祥之兆先生（Herr Unkunde Unheilswanger）”，像魔鬼撒旦一样，他“凭实力登上高位，意气扬扬”[②]，而“不祥之兆先生”最终将德菲逐出了试验阶段的舞台。再来看霍利，他在特洛伊遭到了手段更高明的反对。霍利的赞助商格里斯沃尔德和温斯洛都是创新者，但他们也喜欢精打细算地规避风险。在霍利试图修整并改进工厂和机器时，格里斯沃尔德和温斯洛却试图将其禁锢在贝塞麦的图纸中。而且霍利也一直在遭受质疑，忍受着冶铁业那些好奇旁观者的烦扰，他们兴冲冲地叫嚣——

① “一种成全的信心”：出自《圣经·新约·雅各书》，“可见信心是与他的行为并行，而且信心因着行为才得成全”。

② “凭实力登上高位，意气扬扬”：出自约翰·弥尔顿，朱维之译《失乐园》，人民文学出版社，2019年6月版。

贝塞麦转炉炼钢法根本行不通。

尽管特洛伊和怀恩多特两方都笼罩在挫败的阴霾下，还面临着来自人与物的阻力，但这不应掩盖掉一般氛围中的其他要素。有人曾说，“他们对所做之事有坚定且不可动摇的信心”，这种“成全的信心”也被其他人留意到了。也就是说，这种氛围中也有轻快的情绪，一种通常与商业企业无关的奇妙亢奋。“霸王工艺——美国历史上第一个轮胎就是用这种工艺制造的！”这句话出现在特洛伊方面动员大会的备忘录上；怀恩多特这边则是用更庄严的语句写道：“可以确信，旧事已过，万象更新。”

毫无疑问，这是一个更简单的时代。无论是人类自己的发现，还是传播至世界上每一个炼铁地区的彻底革命，又或是自己的幻想以及与弥尔顿、莎士比亚和《旧约》的英雄背景相符合的作品，人们都已经做好应接不暇的准备了。当然，它毕竟也是一个伟大的时代，看看身处其中的人对自己的时代有多么清晰的认识，一定也是有趣的。

这个时代的人喜欢写日记，也留存了手稿。往后的岁月里，在私密的谈话中、在行业杂志的文章中、在要给专业协会过目的论文中，他们延续了那些美好旧时光的记忆。他们震惊于自己的工作可能产生的影响，不光是对工程和工业领域的影响，还有对社会结构的影响。他们拼了命地去解决某个技术上的复杂难题，但从未忘记自己的工作所具有的崇高意义，也从未忘记自己正处在具有重大历史意义的时刻。

1865年，罗伯特·亨特在怀恩多特当了几个月的负责人，他写下的一些文字揭示出那个时代人们的特性：

> 在微笑着回顾过去时——虽然有些人会觉得过去是很久远的事，但其实就发生在昨天，我们要意识到试验对那些实践者来说意味着什么。我们要铭记他们的认真努力、他们的崇高期望，以及他们虽然有诸多失望却从未泄气的精神。无论是资本家还是工程师，他们都需要强大的信心。也许，从没有哪个行业在相同的时间里能像贝塞麦转炉炼钢法在美国那样，实现跃进式发展、取得如此重大的突破。但是，熊熊烈火不仅炼去了生铁中的杂质，还吞噬了伟大的精神。勇敢的投资人埃贝尔·布罗克·沃德、知书达理的梭黑·德菲、坚定爱国者和完美绅士的结合体约翰·奥古斯塔斯·格里斯沃尔德……最让人伤心的是，我们失去了亚历山大·莱曼·霍利（Alexander Lyman Holley），他用双手记录了我向大家介绍的大部分内容，也记录了自己殚精竭虑的一生。最终，应用科学取得了胜利，霍利却长眠地下。

在总结试验阶段的这部分内容时，可能有人会指出，除了证明美国可以用贝塞麦转炉炼钢法生产出钢之外，该阶段还产生了两个一流的思想。第一个来自特洛伊。最初，一位精明的地质学家 C. E. 达顿（C. E. Dutton）曾解释道："贝塞麦转炉炼钢法取得了专利，一下子所有的事情都由它决定。人们总是依赖转炉，说自己如果只能生产出铸锭就去卖铸锭。"而事情的本质是，贝塞麦转炉炼钢法是用于炼钢的，转炉则是该方法的关键。这种方法及转炉的新奇性分散了人们对其他事情的注意力，但霍利却未受影响。霍利着手建造工厂时总结道，转炉的重要性不在于它本身，而在于它是一个更大生产系统的一部分，这个精心设计的生产系统包括高炉、转炉、熔炼炉和轧机。也就是说，霍利总结出了"建造贝塞麦炼钢厂的总方针"。这个生产系统的重点是，它将铁矿石炼成钢的过程控制在一个循环的操作流程中，而正是这个总方针，最终淋漓尽致地展现了贝塞麦转炉炼钢法的全部潜力。

第二个来自怀恩多特，有关美国第一个隶属于钢铁厂的大型实验室。威廉·德菲在解释其想法时已经讲得很清楚了，他说："在开始研究新型炼钢法不久后（那时美国还没有人对该炼钢法付诸实践），我就发现，了解金属中确切的化学组分……对成功至关重要。我认为……只凭当前我们掌握的知识，是不可能通过化学分析来判断出哪种铁是最适合用于新型炼钢法的，但我们能通过试验去证明哪些适合、哪些不适合，通过分析比较得到的结果可以用于未来的实际操作与常规指导，还能决定最佳用铁的品类。”

说出这些话的人不仅了解自己的工作，还了解理论和实践之间复杂关系的本质，这些话在今天听起来无疑像一条真理，令人生畏。但我们还应记得：1865 年，怀恩多特的实验室被“罪恶的辛迪加”蓄意破坏；早期人们的普遍做法是将生铁漂洋过海运往 3000 英里（约 4828.03 千米）远的英国进行试炼；德菲建成实验室的大约 10 年后，钢铁大规模生产大师比尔·琼斯（Bill Jones）[①]上尉告诉安德鲁·卡内基（Andrew Carnegie）[②]，化学可能会毁了这个该死的行业。霍利于 1867 年离开特洛伊，是因为他无法说服工厂所有者认可自己“建造贝塞麦炼钢厂的总方针”，而他又坚持不懈地斗争了 5 年，才使自己的想法得到普遍认可。德菲反对以原有经验背景作为基础假设金属成分的比例，也经过了同样的斗争。

德菲和霍利能有这种一流却不被人们接受的思想，很可能只是因为他们比较聪明，还可能是在所有与试验阶段相关的人中，只有他们两人上过大学。这些因素固然重要，但还有其他原因。德菲和霍利都起步于知识荒漠。德菲曾说自己在开始工作时，美国还没有人见过贝塞麦炼钢厂的内部构造。他细心地指出，由于没有可遵循的实践经验，他们必须从理论开始学起。德菲和霍利都缺乏详细的资料，也没有先入之见，于是他们得以自由地判断

---

① 威廉·理查德·琼斯（1839—1889），美国炼钢发明家。

② 安德鲁·卡内基（1835—1919），苏格兰裔美籍实业家、商业巨头、慈善家。

贝塞麦炼钢厂的建造地点，也可以在脑中自由地推测任何规划。这些奇思妙想正是在试验阶段迸发出来的，那时普遍实践、可用资本、批量生产方面的竞争还未开始限制人们的思考方向，因此，就算是天真无知的人或大学毕业生都能有奇思妙想。问题在于，在满足了消费者和员工工资的巨大需求后，如何通过教育、筛选以及创造特殊条件，让这些人的思想还能自由飞翔。

对其中深意，霍利和德菲都心知肚明，他们看着工厂所有者尝试一切能接受的方法，在未知的领域走捷径，比如，要遵照贝塞麦的图纸，把重心放在转炉上，聘请法国的化学家，从克虏伯工厂聘用德国人，从佩廷－高德特公司挖来训练有素的英国人，等等。很明显，霍利和德菲并不相信这种传统的解决方法，因为这些尝试是为了将一个快速变化的过程稳定在随意且明显无效的基础上。他们知道贝塞麦转炉炼钢法的成功和全面发展并非取决于对普遍实践的借鉴和灌输，而是取决于牢牢掌握理论知识、小心试验和仔细分析。德菲试图看到“健全的原则取代旧时的经验主义”，霍利则更加明确地阐述了自己的立场。回顾霍利把贝塞麦转炉炼钢法引进美国的经历，可以发现他曾在1876年定义了一种理智的观点，这个观点可能会在某时出现在各院校科学和工程的课程中。霍利在早些年曾说过，美国的钢铁制造商对使用的矿石和产品一无所知，他还发现从业者和科学家之间的互不了解，这“太可悲了”。许多从业者会坚持使用陈旧的方法，因为他们不信任也不了解科学发现。

于是，霍利提出要加大对工程师的教育和培养，颠覆原有的学习过程。他认为，工程师应该先掌握实用知识，并动手实践，“这样就让人能对所使用方法的理论基础、所观察到的现象真正产生兴趣，进而从抽象科学的学习中受益”。

霍利的这些话连同他取得的成就能清楚表明，为什么与他同时代的人都说：“高谈阔论和陈规陋习让工程师变成一个只会干活而不会思考的劳力，而霍利则是带领我们摆脱枷锁的摩西。”我不禁再次感慨，要是能多讲一些霍利和德菲的故事就好了。但这里只需再补充一件趣事，那就是这两人之前从未接触过冶铁业：德菲是一名测量员和建筑师，在哈佛受过一些工程学的教育；霍利当过记者、编辑、铁路专家，在布朗大学受过教育。以我们现在的标准来看，他们资源稀缺，却在短期集中的试验中不仅成功炼出了钢，确切影响了商业钢材的最终生产方式，还对美国工业的知识发展做出了一定贡献，这都是相当了不起的成就。

的确，从 1861 年梭黑·德菲动身前往英国到 1867 年莫雷尔、温斯洛和格里斯沃尔德共同托管 3 项专利权，这是相当长的一段时间。我们可以发现取得建设性成就的满足感、试验成功的兴奋感，可以发现一些非常有趣且魅力四射的人物，还能发现一些商业、社会、知识的需求与利益和谐共存的时刻。这段人类历史中鲜少出现的时期揭示了发展工业文化和社会的可能性。

所有伟大时期都伴随着略带讽刺意味的事件，以此收尾再合适不过。早些时候提到过，那 4 个人或那几拨人在引进贝塞麦转炉炼钢法之前对其进行了仔细研究。他们当中第一个着手研究的就是艾布拉姆·休伊特，他在冶铁业中最具进步意识，他对“每个新机遇都异常审慎”。1856 年，休伊特在《纽约论坛报》上读到了贝塞麦转炉炼钢法的详细报道后，就开始和贝塞麦谈判了；1856 年晚秋，他甚至在自己位于新泽西州的工厂里试验了这种新型炼钢法。那时贝塞麦的代表在去美国专利局的途中过来主持了这一系列试验，但并未取得完全的成功。接下来几个月里，从英国发回来的谈判结果也让人失望不已。因此，在 1857 年年初，休伊特放弃了谈判，白白丢掉了机会，直到 1866 年，他才认识到自己的错误。为了及时止损、夺回自己的竞争地位，休伊特设计并制造了一种钢顶焊接在铁基上的铁轨。1867 年后，人们开始用贝塞麦转炉炼钢法生产铁轨，而休伊特的铁轨被束之高阁。但是，在休伊特的创新过程中有一个有趣的副产物：1867 年，也就是那 3 项专利的托管小组成立的那一年，休伊特为获取生产铁轨所需的金属，引进了美国第一个平炉，这为美国炼钢时代做出了巨大贡献。

第二部分　生产、利润、专利联营及过度保护

在贝塞麦钢大规模生产的故事中，最有趣的部分就是发展阶段。这一阶段按年份和数据记载如下：1867 年，宾夕法尼亚人在哈里斯堡开设了工厂，该工厂与怀恩多特和特洛伊的两座工厂在当年共计生产出 3000 吨贝塞麦钢；13 年后的 1880 年，美国现有的 11 座工厂生产出 1 074 262 吨钢锭，其国内钢产量首次超过英国，发展阶段也随之落幕。

进入发展阶段以及探索该阶段 13 年来发生的事情，最好的方法就是看看上述坐落在哈里斯堡的新工厂——宾夕法尼亚钢业有限公司的起源和发展。1865 年，宾夕法尼亚人向温斯洛和格里斯沃尔德寻求贝塞麦专利许可，同年 6 月 26 日，根据宾夕法尼亚州法律成立了美国首家主营钢材的生产公司。他们这样做是“希望摆脱对外国市场的依赖，因为从海外进口钢材的运费、佣金、保险费、汇率和关税等太过昂贵，还有太多不确定性，所以我们一定要在美国本土生产出所有主要的钢制品”。

这群宾夕法尼亚人包括宾夕法尼亚铁路公司总裁约翰·埃德加·汤姆森（J. Edgar Thomson）、鲍德温机车工厂的纳撒尼尔·塞耶（Nathaniel Thayer）、费城的发明家及机床制造商威廉·塞勒斯（William Sellers），以及费城、威尔明顿和巴尔的摩铁路公司已故总裁塞缪尔·费尔顿（Samuel Felton）。其

中最重要的人物要数汤姆森和费尔顿，在我们的讨论中，这两人最重要的贡献就是他们作为铁路公司一员，把第一家贝塞麦工厂引进了产铁之都宾夕法尼亚州。一直以来，他们深受铁路高成本养护的困扰，而卡姆登货场的那条试验钢轨给他们留下了深刻印象，但英国钢轨的价格又让他们头疼不已，直到 1865 年北芝加哥州轧钢厂也轧出了贝塞麦钢轨，这才说服了他们。于是，他们迅速采取行动，抓住了宾夕法尼亚州铁轨供应商暂缺的机会。

显然，这群宾夕法尼亚人是极具远见卓识的人，因为他们想要的不是试验设备，而是年产钢轨约 1 万吨的整套生产系统。为此，在英国的贝塞麦炼钢厂价格涨了大约 7 万美元之际，他们准备一次性投入 20 万美元用于购置实体设备。初始资金分成了 200 股股票，每股 1000 元，仅由“管理重要铁路公司或大量机械设施的各方”持有。1865 年 9 月，第一次股东大会召开，塞缪尔·费尔顿被选为总裁，约翰·埃德加·汤姆森和同样来自宾夕法尼亚铁路公司的 J. A. 斯科特（J. A. Scott）被任命为董事。

宾夕法尼亚钢业有限公司成立后，于 1865 年向温斯洛和格里斯沃尔德申请专利许可。1866 年 1 月，各方最终达成正式协议。据其主要条款，宾夕法尼亚钢业有限公司将得到“甲方已知最好的‘工厂’和机器设备完整且拥有正确的施工图纸”。该公司还有权派人去位于特洛伊的工厂学习必要的炼钢技术，但人数不能超过两个，学习期限不得超过两年，且无任何薪资。此外，任何以书面形式被确认为宾夕法尼亚钢业有限公司员工的人都能在规定时间内自由进出位于特洛伊的工厂进行参观学习。作为回报，宾夕法尼亚钢业有限公司将支付5000美元用于购买施工图纸；每生产1吨用于铺设铁路的钢材需支付5美元的税费；每生产1吨用于其他目的的钢材需支付10美元的税费；并承诺保留准确的生产记录，以供甲方随时查阅。

经过一系列独立且复杂的谈判，宾夕法尼亚钢业有限公司还争取到了亚历山大·霍利的帮助来设计建造新工厂。最初，该公司所有者作为"被担保人"，他们要确保自己生产出来的"产品质量一开始就和海外进口的产品一样，最终的质量还要优于进口产品"，于是他们聘请了来自英国谢菲尔德的威廉·布彻（William Butcher），负责监督工厂建设。然而，宾夕法尼亚人在与格里斯沃尔德和温斯洛谈判期间遇到霍利时，显然就放弃了聘请布彻的方案。从前者的角度看，霍利建造贝塞麦炼钢厂的总方针思想令人印象深刻；而从霍利的角度看，他可以借机把特洛伊合伙人无法接受的想法付诸实践。协议的条款也不是没有暂时的利益。为了回报霍利提供的服务，宾夕法尼亚钢业有限公司所有者同意为这位新负责人建造一座房子，这座房子的设计和规模与霍利已有的那座如出一辙，还同意清偿他欠格里斯沃尔德的2万美元债务，显然霍利在格里斯沃尔德那里还有一个提款账户。为了回报这一慷慨安排，以不损害与格里斯沃尔德和温斯洛签订的公开正式的税费合同为前提，宾夕法尼亚钢业有限公司通过第三人获得了每天免税生产一次钢材的权利。

谈判进行之时，宾夕法尼亚钢业有限公司的管理人员也没有不务正业。经过一番详细考察后，他们在哈里斯堡附近的萨斯奎哈纳河东岸选定了新厂址，就在宾夕法尼亚州产铁、产煤区腹地和宾夕法尼亚铁路干线上。哈里斯堡的公民对该厂址非常满意，还公募了 24 577.50 美元，用于购买公司所有者选定的 82 英亩（约 0.33 平方千米）土地。

1866 年 5 月，新工厂破土动工，. 建成后最初命名为炼钢厂，于 1880 年改名为斯蒂尔顿（Steelton）。在接下来的一年里，人们用蓝色的石灰石和砖块陆续建起了一个长 114 英尺（约 34.75 米）、宽 100 英尺（30.48 米）、高 25 英尺（7.62 米）的转炉房，一个长 275 英尺（约 83.82 米）、宽 92.5 英尺（约 28.19 米）的轧轨机，一个长宽均为 75 英尺（22.86 米）的机械车间，一个长宽均为 50 英尺（约 15.24 米）的锻造车间，以及两个放风机和水泵的小型建筑。霍利极为重视的辅助精整车间还在规划中，尚未开始动工。

这就是 1866 年规划的工厂基本系统，整个系统通过起重机、钢包，以及炼钢过程中运输金属所用的铁路线连接起来。

这里或许还应再讲讲炼钢过程的细节。首先，小火车把生铁一吨一吨地运输到转炉房，再倒进冲天炉中熔化；熔化的生铁流入 12 个钢包，钢包再将其倒入两个 5 吨的转炉；随后开启风机，空气从风口吹入，气流流经熔化的生铁。吹炼开始的这一刻，也是美国工业史上最令人难忘的一刻。霍利曾经描写过这一过程，在业界流传了多年。他的文字值得一看：

空旷的车间黑黢黢的，弥漫着硫黄的气味，耳边充斥着低沉压抑的声响，机器像怪物一样蛰伏在角落，眼露锋芒。冷酷无情的巨兽张开血盆大口享用着饕“铁”盛宴，不时有猩红可怕的光束一闪而过，墙上的掠影奇形怪状。熔炼工将长矛刺入这只巨兽的铠甲连接处，顿时，一股金黄色的“血液”喷涌而出，之后一切又归于黑寂。熔炼工反复折磨着它，直到 6 吨冒着青烟的滚烫“血液”填满一口大锅。随后，工头朝着角落那只 30 英尺（约 9.144 米）的大家伙吆喝一声，它就立刻伸出自己的铁臂轻轻举起大锅，金黄色的“血液”在空气中嘶嘶作响，被倒进另一个庞然大物的口中。这怪物体形似大象、头似青蛙、周身有鳞，张着白色、热气腾腾的嘴等待着美食。工头又吆喝一声，它就直起了腰，咆哮着喷出火花。

瞧瞧转炉这个巨型实验室里上演着多么激烈的元素大战！数百万个熔化的铁球撕破液态金属的防线，在表面涌现，翻滚几下又猛扎回去，每次涌出的都比之前更加剧烈狂热。气流一柱擎天，被500马力的力量挤压得像玻璃棒一样结实，不断将铁刺穿碾碎，施加“烧杀抢掠”的暴行，结果它自己也分崩离析，被黑暗中的熊熊烈火吞噬。随着燃烧的火焰，涌现出来的铁水球越发炽热，液态渣不停飞溅。转炉口起先喷出的是火花和红黄色的气体，之后则变成耀眼的大片白光。这场战争并未持续太久，25分钟后，铁中所有可燃烧的合金已消失殆尽，它举旗投降。随后转炉侧倾、鼓风停止，增碳剂被添加其中。不一会儿，元素大战又开始了——转炉中的物质在更加剧烈和快速的化学反应中沸腾燃烧，有时还会冲嚣出炉口。最后，一切偃旗息鼓，从炉渣下面倒进钢包的液态金属色态乳白，表面平滑，不时泛着晶亮的光，称得上是清澈透明。钢就这样诞生了。

这场绚烂的烟火结束后，转炉将钢水倒入起重机上的钢包中，再由钢包依次倒入钢锭模。钢锭冷却后，又被送到初轧机上锤锻或轧制成初轧方坯，这样轧制是为了让其更容易通过轧轨机。初轧机像老式的衣物脱水机，辊上有凹槽、轨道大小和切口。这就是贝塞麦炼钢法的全部工序。

宾夕法尼亚钢业有限公司把所有机械设备组装在一起确实花了些时间，具体进展按日期记录如下：1867年6月，5吨的转炉第一次进行吹炼；1868 年，轧轨机完工；1869 年，配备蒸汽锤以锤锻初轧方坯的锻造车间完工；1870 年，聘请了一名化学家并建成了一个实验室；1873 年，一个用于就地生产生铁的高炉完工；3 年后，一台有辊初轧机被建造出来，代替蒸汽锤放进了锻造车间；同年，该工厂雇用了 1500 名工人。可以看出，宾夕法尼亚钢业有限公司几乎花了 10 年的时间才把霍利的“总方针”中贝塞麦炼钢厂的所有元素组装了起来。

为了让工序在一个有序可靠的系统内进行，人们需要有相当强大的毅力攻坚克难。比如熔炉底塌陷、熔化的金属四溅、起重机突然故障、钢材质量参差不齐，可谓是危机四伏。尽管面临这些技术障碍，但该时期的产量仍在稳步增加，年产量记录如表 7–1 所示。

表 7–1　宾夕法尼亚钢业的年产量记录

年份	年产量（单位：吨）
1867	1005
1868	4181
1869	7097
1870	11 340
1871	17 281
1872	20 616
1873	24 924
1874	29 231
1875	40 919

（续表）

年份	年产量（单位：吨）
1876	56 263
1877	68 995
1878	83 765

工厂规模的扩大和生产的扩增自然需要资本的加持。整个发展阶段，资金投入从 20 万美元增至 200 多万美元，其中，宾夕法尼亚铁路公司投入 60 多万美元，约翰·埃德加·汤姆森个人投入的资金则更多。然而，这笔投资的早期回报并不尽如人意，直到 1873 年才以股票的形式有了分红。等到发展阶段结束时，宾夕法尼亚钢业有限公司支付分红的方式深得人心：那时的资本为 200 万美元，给股东 20% 的分红后仍有相当多的盈余，于是该公司以 250 美元每股的价格买入宾夕法尼亚铁路公司的所有股票，再将这些股票以 100 美元的价格卖给股东，这样做是因为该州的股息红利税超过了 20%。这样的分红在今天看来都很大方，而且在完成分红后，该公司还有 100 多万美元的盈余，如此看来，宾夕法尼亚钢业有限公司 1 年的净利润接近其总资本的 80%。

1867 至 1880 年的整个发展阶段，共有 11 家公司成立，而宾夕法尼亚钢业有限公司最先成立。其中有一家公司破产退场，因此算上特洛伊的那座工厂，1880 年共有 12 家公司生产贝塞麦钢。

这些公司见表 7–2（以首次吹炼的时间排序）。

表 7–2　1880 年生产贝塞麦钢的 12 家公司总览

公司名称	地点	时间
① 奥尔巴尼 & 伦斯勒钢铁有限公司	纽约，特洛伊	1865
② 宾夕法尼亚钢业有限公司	宾夕法尼亚，斯蒂尔顿	1867
③ 自由铁厂	宾夕法尼亚，路易斯顿	1868
④	——破产	1869
⑤克利夫兰轧钢有限公司	俄亥俄，克利夫兰	1868
⑥坎布里亚钢铁厂	宾夕法尼亚，约翰斯敦	1871
⑦联合钢业有限公司	伊利诺伊，芝加哥	1871
⑧北芝加哥轧钢厂	伊利诺伊，芝加哥	1872
⑨乔利埃特钢铁厂	伊利诺伊，乔利埃特	1873
⑩伯利恒铁业有限公司	宾夕法尼亚，伯利恒	1873
⑪约翰·埃德加·汤姆森钢厂	宾夕法尼亚，贝塞麦站	1875
⑫拉克万纳钢铁厂	宾夕法尼亚，斯克兰顿	1875
⑬圣路易斯矿石 & 钢业有限公司	密苏里，圣路易斯	1876

以上所有公司在规模、设计和成本上都可以和宾夕法尼亚钢业有限公司比肩，他们共同促进了美国贝塞麦炼钢行业的蓬

勃发展。现在，我们有必要研究一下在 1867 至 1880 年的 14 年间，这 12 家公司是用什么样的方式共渡难关的。这项调研将主要研究有关人员采取了哪些措施来稳定自身处境、限制或控制危险和他们认为自己所面临的不确定性。

先从铁路公司开始。如今，没人能理解铁路公司在 1850 至 1890 年期间对美国的意义。作为首个占主导地位的大企业，铁路公司的发展建立起融资、管理结构和纯规模的基本模式，后续美国的工业发展几乎全都遵循这一模式。在全面扩张的浪潮中，铁路公司逐渐遍及全国，并带来了涉及社会、技术和人文方面的新需求。到 1870 年，这些铁路公司就像一根脊柱，所有小型产业都像脊椎骨一样依附其上，甚是安全。比如，人们很难不注意到，正是铁路公司创造了对贝塞麦钢最大、最明显的需求，而在大多数情况下，也正是有铁路公司背景的人率先发力，以满足这一需求。

换句话说，最初的刺激因素并非如人所想的那般来自生产者，而是来自消费者。铁路公司这个有效动因，使其继续在贝塞麦炼钢行业的发展过程中充当着主要稳定因素之一，因此除了一家小型公司——克利夫兰轧钢有限公司之外，其余 11 座工厂都将重心放在钢轨业务上。加上人们为铁路用钢和其他目的用钢设定了不同的税率，因此也在一定程度上影响了各公司的业务重心。但从各公司所有者的角度来看，最主要的因素似乎是他们不仅想要满足铁路公司这一明显需求，还想实现一定程度上的确定性，将生产限定在明确、已知及可预测的需求范围内。

的确，这个决策有很多可取之处。1867 年，人们合理预测，铁路公司仍将持续扩张，以下结果充分证明了这一点：1867 年，美国铁路全长 39 276 英里（约 63 208.56 千米）；6 年后，铁路总长超过了 7 万英里（约 112 654.08 千米），平均每年增长 5000 英里（约 8 046.72 千米）。这种巨大的需求刚出现时，当时已有的贝塞麦炼钢厂无法想象自己是否能满足这样的需求，于是它们将所有精力都集中在满足主要的消费者方面。到 1873 年后，这种需求慢慢减少，直到供大于求。但到了 1878 年，铁路建设速度再次加快，并在接下来的 10 年中逐步加快。纵观这一时期，可以毫不夸张地说，铁路公司就是炼钢工业的“保护神”。

第二个稳定因素是关税。1870 年，1 吨进口贝塞麦钢轨要征收 28 美元关税，之后整个发展阶段的关税都稳定在这一水平。1871 年，以总吨为计量单位的钢轨价格在美国是 91.70 美元，在英国是 57.70 美元；1872 年，这一价格在两国分别为 99.70 美元和 67.30 美元。即使算上每吨 2 美元至 4 美元的运输费和 28 美元的关税，美国采购商这两年购买英国钢轨也能节约一些成本。但后续情况却并非如此，到 1875 年，美国本土生产的钢轨要比英国钢轨便宜 12 美元，到 1879 年大约便宜 5 美元，而 1875—1879 年间美国几乎未从英国进口钢轨。虽然这期间经济萧条是主因，但重点是，在 1872 年之后，英国钢轨的进口量只占美国钢轨总产量很小的一部分，比如 1881 年该占比为 18%，1884 年则降至 2% 以下。

第三个稳定因素是气动钢业有限公司，或称为贝塞麦协会，它是由托管人格里斯沃尔德、温斯洛和莫雷尔成立的企业组织，该组织首先拥有贝塞麦、凯利和马希特所持有的 3 项专利。在这个掌控关键专利的协会中，所有持专利许可的公司都是其成员，而且每年都要按产量向协会缴税。

现在，我们来看看铁路公司、关税和专利联营这 3 个因素是如何相互配合，从而共同操控环境的，这一定很有趣。首先是关税，它高到足以消除外国竞争，在美国营造出一种干净整洁的氛围，在这个氛围里，上述 12 家公司几乎可以完全不受干扰地去满足铁路公司这一个行业的特殊需求。其次，铁路公司可以完美地和卓有成效的专利联营相配合。通常，铁路公司的建设和养护计划一年仅有一次，于是他们定期向贝塞麦协会提出固定的钢轨需求。反过来，这也让贝塞麦协会将每年的产量准确分配给各成员，使各方满意。在没有外国竞争的情况下，这种提前确定好具体需求规模的可能性自然能让协会和铁路公司一起共同敲定钢轨价格。

历史学家也未必知道贝塞麦协会具体是怎样运作的，但其主要轮廓已经大致清楚了。《工程与采矿杂志》（*Engineering and Mining Journal*）曾有如下报道：

> 在南第4大街265号美国钢铁协会的会议室中……11座美国贝塞麦炼钢厂的代表举行了闭门会议，讨论产量和价格、考虑协会章程的修订，并为每家公司争取最大利益。出席会议的代表有：宾夕法尼亚钢业有限公司的费尔顿、坎布里亚的汤森（Townsend）、克利夫兰的斯通、乔利埃特的利思（Leith）、特洛伊的亨特及伯利恒的沃顿。

这些人在考虑产量、价格和各自公司的最大利益时，铁路公司代表也在协助他们进行审议，这并非不可能。很久以后有人回忆道：

> 实际上，宾夕法尼亚铁路公司在很长一段时间内都是钢轨的定价者。该公司将吨数分配给了在其铁路干线上的3个工厂——宾夕法尼亚（钢）厂、约翰斯敦的坎布里亚工厂及约翰·埃德加·汤姆森工厂。在很长一段时间里，其他铁路公司都不曾购买钢轨，直到宾夕法尼亚铁路公司率先下单，其他公司才纷纷下单。

这个人还曾就这11家公司说道：

> 早些时候，制造高质量钢轨是一个巨大的难题，而且我觉得他们大部分都是在和铁路公司的讨论中敲定价格的。虽然我不确定——但我记得他们经常和宾夕法尼亚铁路公司的总裁讨论钢轨的合理价格，我能回忆起来的就是这些。价格时不时就会变动，铁路公司觉得价格应该再低一点儿的时候，就会和贝塞麦协会的人讨论，之后价格就降下来了。

但事情并不总是这么简单。1877 年，美国经济严重萧条，铁路公司的建设和养护计划要大大缩减，因此需要更加详细的磋商以成功解决产量、价格和各公司利益的问题。经过一系列的会议，贝塞麦协会的人制定出以下方案：第一，他们提议将钢轨总产量限制在 40 万吨左右，并给每个工厂分配每年 4 万吨左右的理论配额。第二，他们提议将特洛伊的钢轨价格定为 50 美元、克利夫兰的为 51 美元、芝加哥的为 52 美元、圣路易斯的为 53 美元，并决定这 4 座城市的工厂产量必须在理论配额内，其余工厂则不受价格和产量的限制。当时在美国，钢轨的平均价格为 43.50 美元，比贝塞麦协会为特洛伊设定的价格还要低 6.50 美元。作为对不限产限价特权的回报，其余工厂如果超出往常缴税数额，那么每超出 1 吨需支付 2 美元，这笔钱会放到一个普通基金中，这样特洛伊、芝加哥、圣路易斯和克利夫兰这 4 座城市的工厂就不会因每年限产 4 万吨而受到损失。

这是一个十分巧妙的安排，也体现出宾夕法尼亚铁路公司的巨大影响力，因为其铁路干线上的 3 个大工厂均可自由确定产量和价格水平。然而实际上，他们需要更加完美的方案。那年圣路易斯的火神星有限公司彻底倒闭了，因而从贝塞麦普通基金中获取了一大笔赔偿——据一位愤愤不平的旁观者估计，火神星有限公司大约拿到了 40 万美元。

当然还有其他一些例子，但现在重点已经很清楚了：铁路公司、关税和专利联营共同作用，成为控制价格和产量的手段，而这通常都是在团体内部进行劝说或行政决策。在 1877 年那个艰难时期，特洛伊的霍利、亨特和埃德加·汤姆森的琼斯甚至被派去鼓动坎布里亚的弗莱（Fry）自愿减产。这 10 年的后半程里，人们越来越担心现有工厂的产能就足以满足铁路公司的所有需求，于是又采取了更加严厉的措施。至少有一群人曾向国会报告，说经过多次努力，他们无法在任何条件下从贝塞麦协会获得建造运营贝塞麦炼钢厂的许可。

这里汇集了美国经济史上所有的黑暗力量——主导行业控制了供应、关税和专利联营。不过回报是惊人的，许多历史三段论都曾证明，人们用肮脏的手段来保障同样肮脏、自私且夸张的个人利益。请大家思考：在那个可怕的 1877 年，埃德加·汤姆森钢业有限公司却支付了 41.75% 的分红；两年后，有 200 万美元资金的宾夕法尼亚钢业有限公司实际支付了 77% 的分红，当年该公司有 2 461 423.51 美元的业务，因此分红后仍留有一部分利润。事实上，在审视这些证据时，可以看到在这一体系的运作下，该行业里几乎无人受损。例如，在1879年，贝塞麦协会的成员向其稳定且几乎唯一的消费者——铁路公司支付了800多万美元的运费。

但这的确是合理的回报。不过，那些因关税、铁路公司和专利联营而聚集在一起的人，在1867—1881年间运作这个巨大的保护罩时，是否想过能为自己的企业，或主要为自己的企业获取如此令人眼花缭乱的回报，这一点尚不清楚。首先我们要记住，他们手握已被证明有价值的炼钢法，但当时该方法仍处于试验阶段。商业化产钢伊始就发现，虽然最初投入的资金不算太多，但后来开发的成本却非常高。对8吨的转炉、200英尺（约60.96米）的轧轨机、12吨的钢包和15吨的冲天炉等设计上的改动，都需要资金，而且在发展阶段，这样的改动正在飞速进行。1890年的统计调查指出，关于80年代贝塞麦炼钢行业的情况在70年代时也是如此，但规模较小；工业公司赖以生存的技术和设计方面的进步，是以巨额成本和巨大风险来实现的。在发展阶段，新设备刚完工就面临着被更好的设备（由国内外的竞争对手掌握）淘汰掉的风险。

其次，美国炼钢行业的人还面临着一个技术高度成熟的竞争对手，那就是该领域的开山鼻祖——英国。显然，英国在资金、训练有素的工人以及低生产成本方面有很大优势，完全可以破坏美国尚处在萌芽阶段的整个行业结构。

最后，这些人是在一个非常不稳定的经济环境中运作这一体系的。美国过去 30 年的历史固然表明我们具有强大的扩张能力，但也表明在扩张时期，没人能确定哪些新方法、哪些新发明能带来回报。此外，它还表明美国如果有这样的繁荣时期，那么也会有萧条时期，1873—1877 年美国的情况进一步证明了这些可悲的事实。

因此，我们似乎可以做出合理的假设，这些人最初是想为自己及其所处的行业寻求某种程度上的保障。同样也可以合理假设，他们对这种保障的兴趣最初是由心理因素和经济因素共同决定的。他们本质上是行政管理人员，管理着企业的知识和经济发展，由于人们无法在混乱中进行高效的企业管理，所以出于性格或仅仅出于必要性，他们需要一个可靠稳定的环境。他们想方设法地在力所能及的范围内隔绝和限制自己的世界，这样就可以采取必要的稳定措施来处理事务。在环境中，他们高明地挑选着助力方法，即关税、专利联营、稳定的市场，在不稳定的时期，他们也十分了解齐心协力以保持平衡的做法。在缺乏自然秩序的情况下，他们必然会诉诸人为秩序。

但这一切都逃不过某些旁观者的眼睛。1879 年，《铁器时代》（*Iron Age*）的编辑指出："当贸易问题处于不受保护的自然条件中时，人工屏障在应对杂乱竞争方面的优势就显现出来了。"他还说，贝塞麦协会的人巧妙地利用关税、专利所有权这些人工屏障，以避免英国的发明带来的灾难。那时在英国，关税的影响微乎其微，任何人都能花钱开办工厂，铁路公司首当其冲，被驱逐出行业。随后，经济动乱四起，而如今，各家贝塞麦炼钢公司又在激烈的竞争中互相攻击，价格被无限压低，谁都挣不到钱。反观美国，这里制定了相关的秩序，“神机妙算”地成立了贝塞麦协会，阻止工厂建造两个以上的转炉，从而避免了产能过剩；在炼钢行业逐步扩张的时期，冶铁业可以缓慢、平稳地予以应对。贝塞麦协会这个框架奠定了炼钢行业在有序中顺势而下的扩张基础，也对其进行了适当的控制。

这个受保护的小世界所具有的优势是，它似乎能让人们在一定程度上控制经济力量的随机影响；还能控制信息的流动，以减少人们必须应对的知识和心理方面的不确定性，这一点同样重要。要记得，贝塞麦协会的人接触的不仅是新型炼钢法，同样也是处在不断变化中的新型炼钢法。1867—1881 年间，对该炼钢法工序和设计方面的改进未曾停歇。这些变化不可避免地造成了无序的发展，还威胁到每个工厂的所有者，即对手工厂引起的某些重大变化可能将自己从竞争中淘汰出局。因此，问题分为两部分：如何保护自己免遭技术“闪电战”的侵害；同时，如何在整个行业中传播足够多的新信息，以保证有序的发展。专利、专利联营和铁路公司组建的这个干净整洁的小世界提供了一个合适的解决方案，它提供了一种庇护，在其中可以培养出所谓“钢轨制造商之间的真实兄弟情”。《铁器时代》的那位编辑曾向参议院调查委员会解释道，这种感情“始于制造钢轨。那时贝塞麦钢还尚未开发，各个工厂的经理来往频繁，所有者也相交甚笃，就是为了尽可能地用贝塞麦钢制造出最好的钢轨。我认为，从钢轨制造业开始，就一直存在这种独特且自由的意见交流”。

事实的确如此。因为在早些时期，任何人对知识技能的掌握程度都不足以支持其独立展开行动，所以亲如兄弟般的分享交流是生存的必要手段。但确实有一个人掌握的知识技能十分出色，而且他的职业生涯非常有启发性，这个人就是亚历山大·霍利。1867 年至 1881 年间，美国本土建成了 12 座贝塞麦炼钢厂。其中，自由钢铁厂在 1868 年从英国进口了机器设备，但于 1869 年就宣告破产。其他 11 座炼钢厂中，亚历山大·霍利亲自设计了 8 座工厂的原始布局并监督了建造过程，另外 3 座工厂的建设也深受其思想的影响，这一点任何明眼人都看得出来。从技术角度看，亚历山大·霍利是美国贝塞麦炼钢行业的真正缔造者。而对工厂所有者来说，有这样一个四处巡回的信息池显然很有用。同样地，由于是同一个人想出来的设计，所以每座工厂必定十分相似，这显然在一定程度上削弱了彼此竞争的优势。

从一开始，霍利就为自己构筑了一个独特的职业生涯框架，他被贝塞麦协会的成员聘请为顾问。14 年间，他一心扑在工序、设计的调整和改进上，还会和协会其他成员就每一座工厂交流自己的发现。这样做能保证信息在整个行业中有序传递，当然也把整个行业的发展进步限制在了一个人的知识发展上，但这只是稳定现有状况的小小代价。随着时光流逝，霍利也采取了一些措施以恢复原有的资源优势。霍利异常警觉和现实，当发现自己的主观能动性越来越弱时，他开始广泛吸纳国外的信息——实际上，就是为协会搜集密报。19 世纪 70 年代末，霍利每年都要出国考察欧洲的技术现状，他会透露许多美国的实践进展以换取欧洲完整的创新技术，考察的结果都写在给贝塞麦协会的秘密报告中。这些报告满满当当的都是对新实践和新设备的描述和图纸，令人惊叹不已，其中一些仍留存至今。美国钢铁学会曾十分贴切地描述了这项工作的本质和价值："我们当中有人有幸研究了他关于全球钢铁制造的年度机密报告，这些报告是精湛技艺的指南、是定期走访英国和欧洲大陆的硕果，并且仅供贝塞麦协会使用，他与协会建立起秘密的联盟。"他享有"独一无二的地位，制造商都知道他是一个知恩图报的人"。所以，"每块钢锭都署着霍利的名字"。

要说把制造钢锭的功劳全揽在霍利一人身上，肯定是有失偏颇的，他对炼钢行业做出的另一个贡献是集结了一群能人志士，可以继承他的灵智与奋斗精神。霍利曾离开特洛伊，去哈里斯堡为宾夕法尼亚钢业有限公司建造工厂。第一批钢材从那里的转炉生产出来时，轧轨机还未完工，所以他将这批钢带去了坎布里亚进行轧制。在那里，霍利遇见了弗里茨兄弟——约翰和乔治，并与后者建立起私交，且常常倾心交谈。那时亨特也在坎布里亚，他认为霍利和乔治是“世上迄今为止最杰出的冶金工程师之一”。两人共同策划出了19世纪70年代大幅提高钢铁产量的妙计。在工程师的巅峰时期，霍利和乔治身边聚集起一群能力超群的工程师。尽管霍利和乔治·弗里茨相继离开了约翰斯敦，但这些工程师的活动中心还围绕着坎布里亚铁厂。在最初的10年，丹尼尔·约翰逊·莫雷尔独具慧眼地将坎布里亚变成供学生交流的大型研讨会，其中一位曾指出，从坎布里亚“毕业”的人里有亨特、弗莱（去了北芝加哥轧钢厂）、弗里茨两兄弟中的约翰（去了伯利恒）和乔治、弗兰克·琼斯（Frank Jones，留在了坎布里亚），还有约翰·埃德加·汤姆森公司的传奇人物——狂野的比尔·琼斯，他是“卡内基工厂有史以来最伟大的机械天才”。在技术上，这些人都对贝塞麦转炉炼钢法的发展做出过一定贡献。在坎布里亚的研讨会中，还有一些籍籍无名却能力非凡的人，他们也在这个伟大的发展过程中多有助力。

这些人从坎布里亚毕业、开办工厂，随后也成为贝塞麦协会的一员，但他们情谊不改，比尔·琼斯曾称他们之间是“激烈但愉快的竞争”，最重要的是他们彼此间时有联系。多年后，约翰·弗里茨在回想起他们之间的关系时，描述了这种情感：“新的炼钢法出现的早期……（我们）经常讨论我们遇到的困难，不是财务方面的，而是每天都会遇到的那种困难，有时这些困难似乎难以克服。我们不是以对外交流工作人员的身份见面，也不会在没有任何暗示的情况下去打探对方的需求；反之，我们是以一群相亲相爱的工程师的身份见面，我们都经历过艰难困苦，我们年轻、充满活力，下定决心要取得成功……我们资讯共享，畅所欲言。不时在家中会面，讨论遇到的具体困难。他们看起来严肃极了，甚至都有人怀疑我们是否真的能让贝塞麦转炉炼钢法在商业上取得成功。”弗里茨总结到，由于所有在这一时期成长起来的人（大多数都是坎布里亚研讨会的毕业生）都不停地从一个工厂到另一个工厂流动，所以“在这个新领域里，这种亲如兄弟般的关系在信息交流中非常重要”。

然而，信息交流有时也不只是为了帮助工程师解决技术困难。早些时候，这些工程师经常互相致电，宣布自己工厂中创下的装炉量纪录。这是因为宾夕法尼亚钢业有限公司曾在过去一周打破了 5 吨转炉的生产纪录，于是它给坎布里亚、特洛伊和伯利恒送去了这个振奋人心的消息，从而挑起了这种“激烈但愉快的竞争”。这种兴奋有时还会感染工厂所有者：1876 年，一个小个子男人听说自己的工厂第一次超过了坎布里亚的月产量时，兴奋地在意大利的山顶上欢呼雀跃。

除了对信息和情感的需求外，还有一些因素将这些工程师聚集在一起，那就是他们深知自己在从事一个危险的行业。多年后有人说，那些年车间每星期都要发生一两次事故，每到这时任何一个人脱口而出的问题都不是“发生了什么”，而是“下一个倒霉的是谁”。在这些紧张、刺激的时刻里，工程师认识到，大家面临的是同样的险境，所以团结在一起，这很好，因为他们经常受到来自工厂所有者的反对，所有者们喜欢依靠现有方法和机器，而不是把赌注压在工程师们认为对推动进步必不可少的实践和设计方面的改进上；他们还受到来自工人的反对，反对最多的则是最初从英国和欧洲雇来的工人，这些工人抵制创新，要么因为自己在故国从没这么干过，要么因为在这个已经很危险的行业中，每一个变动或突发奇想都可能带来未知的新危险。

从上文可以明显看出，对这个受保护的小世界的阐述不仅限于经济方面：在充满质疑时，它建立起一个可控的局面，人们可以独自钻研困难的本质；它允许人们建立清晰的沟通渠道，以确保所有相关的最新信息能通过这些渠道传输给自己，而非传送给敌方密探；在这个不安定又充满危险的时代，它将人们置于熟悉的团体中，给予人们一种亲切友好的感觉；它打破了个体孤立的状态，激发了人们的热忱和团队精神，缓解了自然风险，削弱了人们参与竞争的意义。

从这一安全且受保护的环境中，不仅产生了巨额的利润，还推动了一连串的技术发展。1867 年至 1881 年间，关于贝塞麦转炉炼钢法进行了如下创新（仅为部分清单）：计量钢包，通过准确称量转炉每次装入的炉料以确保更加精确地控制成品；混铁炉，一个用于储存铁水混合物的大容量容器，不仅能加快生产，还能更稳定地控制钢的质量；可拆卸炉底，能让转炉保持几乎不间断的吹炼（一个炉底被更换时，另一个马上就能安装上去）；三辊式初轧机机组；可拆卸转炉炉衬；用冲天炉代替反射炉等。除了这些具体事物，在组建工厂方面也有一些稳步快速的发展：液压动力取代起重机配重、开发出一种能在某个点控制所有起重机的方法、转炉被举离地面（取消了在转炉下面挖沟渠的英式系统）、机械设备的重新规划使其比以往更加持久且更大规模地生产钢材。

尽管在生产贝塞麦钢方面，美国还没有超过当时的英国，但上述所有改进的成果都在 1876 年的数据中完美地体现出来（见表 7–3）。

表 7–3　1876 年部分国家转炉数量及产量

国家	转炉数量 / 个	产量 / 吨
英国	110	700 000
德国	78	242 261
瑞典	38	21 789
法国	28	261 874
美国	27	525 996
比利时	12	71 758
俄国	4	8 500

如表 7–3 所示，美国仅用全球 11% 的转炉生产出了全球 27% 的贝塞麦钢；美国的每个转炉生产大约 2 万吨钢，而英国

每个转炉大约只生产6000吨钢。对这些数据我们务必持保留态度，因为1876年那年很可能不是所有的工厂都在全力生产，但这些数据表达的含义是准确的。到1876年，美国工程师已经找到了方法，能让自己1个转炉的产量匹敌欧洲3至5个转炉的产量。

当然，并不是所有的技术进步都归功于为贝塞麦协会创造的安全小环境。从总体上概括贝塞麦钢的发展阶段时，似乎可以得出以下的合理结论：贝塞麦炼钢行业的创新者有意识地在设计一种体制，在其中，他们可以将生产限制在一种产品上，十分精确地控制国内产量，在合理的范围内控制对产品的需求，使自己几乎完全从外国竞争中解脱，并保持对信息渠道（包括人力）的绝对控制——生产资料的进步正是基于这些渠道。在此过程中，这些创新者经受住了伴随任何新企业而来的经济上的不确定性——从1867年至1874年间，他们曾将伯利恒铁业、宾夕法尼亚钢业和乔利埃特钢铁厂这样的边际生产商带入了体制内；他们还安全存储了越来越多的信息，这些信息不仅整齐有序，还能维持知识（技术）的快速进步；最后凭借标志性的保护手段——关税、专利联营和铁路公司需求，在心理上得到了必要保障。这些标志性手段阻挡了外部威胁，让创新者把精力集中在自己面对的内部危险上，因此可以培养出他们应对当前危险的精神和信心。这就好比人类在封闭的空间内能够以更崇高的精神状态去战斗，却在未知领域开疆拓土时，失去斗志。

对于身处危险行业的人来说，鉴于这种体制的特点，要让他们说出真相是很困难的事情。的确，他们的一言一行都荒诞不经。例如，他们声称征收关税能让阿勒格尼河与萨斯奎哈纳河沿岸所有房子的客厅里都摆上钢琴、墙上都装饰上彩色石印画，还能提高薪资和生活水平。然而在发展阶段，这根本不是事实。新技工的薪资在整个时期都处于同一水平，即日薪 1.20 美元，而老技工的薪资不升反降。1880 年，冶铁业的老技工日薪约为 3.60 美元，炼钢行业的约为 2.75 美元，这是因为炼钢行业大部分是靠机器而非经过培训的工人来进行生产。这里无须再赘述炼钢行业的人为保护关税设立了怎样周密的防线，它们都是美国关税史上典型的三段论，数据、感染力和小花招都被纳入了一种合理的逻辑中。再补充一个几近完美的例子：1879 年，范德比尔特（Vanderbilt）[①] 从英国订购了 1.2 万条钢轨，因为他说英国的钢轨“物美价廉”，这不是他第一次这样做。实际上，或许是其地理位置所致，纽约中央铁路公司从未真正参与到美国贝塞麦转炉炼钢法的发展中。因此，范德比尔特从英国购买钢轨的消息激起贝塞麦炼钢行业各位代理人的公愤。《铁器时代》曾发问，如果所有人都这么做，贝塞麦协会及其成员会怎么办？丹尼尔·约翰逊·莫雷尔在一份公开声明中把范德比尔特的背叛总结为 3 点：“纽约中央铁路公司管理层中盛行着反美精神；范德比尔特想要藐视关税结构；他要毁掉美

① 科尼利尔斯·范德比尔特（1794—1877），美国商界巨头。

国的贝塞麦炼钢厂。”莫雷尔还说过，范德比尔特实际上是一个讨厌的家伙。有一次，特洛伊的老约翰·格里斯沃尔德前去拜访他，并奉上了自己的名片，范德比尔特却说：“见鬼，格里斯沃尔德到底是谁啊？”格里斯沃尔德则回答说自己是来拜访一位绅士的，结果并没找到这位绅士，所以只好告辞了。

以上是对征收关税的辩护，而关于组建专利联营的辩护也不比这高明多少。斯旺克（Swank）当时在美国钢铁协会被称为贝塞麦炼钢行业的御用发言人，因为他曾努力解释贝塞麦协会的贡献。他说，协会为购买专利花了150万美元，由于一些专利已经到期，这笔钱（无论怎么看都像是被夸大了）很可能会全部损失掉；他还说，在1880年，任何人只要愿意支付每吨50美分的税费，再出资建一家工厂，就能加入协会。但据哈里森钢铁线材有限公司总裁的证词，以上说法并不属实。

其他同样关于贝塞麦协会的虚夸描述也不断出现在行业机构中，但卡内基先生将该协会形容为一个略带宗教色彩和慈善性质的团体。他说：“我想到了在费城的某位绅士——塞缪尔·L.费尔顿，他是领军人物之一，我还想到了约翰·M.肯尼迪（John M. Kennedy）先生。这些人坐在那里，经钢轨销售商许可，将钢轨分发给同时代不同公司的代表，如果知道自己是在违反法律，他们就不会这样做了……”他继续道，“我早年大部分时间都在费城，所以对贵格会[1]的那些老朋友十分了解，比如约瑟夫·沃顿（Joseph Wharton）[2]，他当时是坎布里亚公司的董事，你们都知道他，还有一个就是塞缪尔·费尔顿，他们都是我的恩人。在协会和这样的人来往，思考他们是否故意违反法律——好吧，在费城，无人相信这一点”。

除了安德鲁·卡内基，似乎所有参与者都相信自己公开征收关税和进行专利联营的合理性。其中一个原因可能是他们显然并不了解自己所创环境的真正本质。他们建立起封闭的体制来保护自己以免遭受外部威胁，但随着时间流逝，如之前许多自给自足团体的创建者一样，他们发现自己也迷失在了亲自建立起来的保护机制中。

贝塞麦协会的人没有意识到，自己全然依赖的铁路公司暗藏着风险。早在1870年，《工程与采矿杂志》就指出，在欧洲，贝塞麦钢被用于轮轴、锅炉以及机械活动部件，但在美国，几乎所有（当时有85%—90%）的贝塞麦钢都用在了铁路上。1875年，亚历山大·霍利从巡视任务中抽身，在美国矿业工程师协会发表了一次演讲。他说自己意识到美国贝塞麦钢制造商正在考虑减少产量，因为他们担心目前的钢轨产能过剩。霍利主张，制造商与其花时间限制生产，不如尝试生产用于其他目的的各级钢；欧洲将贝塞麦钢应用于各类产品，美国这边的钢

① 贵格会：一个宗教派别，兴起于17世纪。

② 约瑟夫·沃顿（1826—1909），美国实业家，涉及采矿业、制造业和教育业。

铁建筑、钢桥和钢船的市场也在逐渐开放，但我们的国人“还未对钢材的使用展开研究，因此还有些胆怯”。

尽管这些告诫及其他类似的话语在1876年之后不绝于耳，却一再被忽视，贝塞麦协会对铁路的惯性依赖一如既往。19世纪70年代末，就连《铁器时代》都把贝塞麦协会对铁路公司盲目的忠诚称为“愚蠢的奇迹”。

即使在铁路行业，封闭式交流令人唏嘘的影响也显而易见。就算霍利有再多的精力、再多的智慧，也不能无限期地养活整个行业。尽管美国不断地改进生产技术以满足甚至超越当前的钢轨需求，但在此期间，却从未制造出顶尖的钢轨。10年前，英国人把工厂里等级最低的金属称为“美国钢轨”，这严重伤害了美国钢铁制造商的感情。19世纪70年代时，情况相对缓和，但美国的钢轨总是不如欧洲的钢轨，范德比尔特出于经济原因从英国购买钢材时就说明了这一点。原因在于美国的工厂只注重产量，很少考虑改善钢轨的质量。1876年，比尔·琼斯曾警告卡内基先生，说化学可能会毁了这个该死的行业，在当时激烈的生产竞争中，琼斯此言很可能是对的。但那时，提高钢轨质量的冲动都是欠缺的，美国的钢轨依旧属于“粗制滥造”。

因此在1876年对此进行了一次有趣的讨论。美国钢铁协会认为，提高美国钢轨相对于英国钢轨的竞争优势，方法在于提高关税。《工程与采矿杂志》反驳道，确保竞争优势的唯一方法就是发展基础科学。因此在某种程度上，关税就变成了无知的保护伞。在发展阶段，美国没有人对钢材生产做出过任何实质贡献。虽然在现有生产工序和机器的改进方面成绩斐然，但包括雪中送炭的“托马斯－吉尔克里斯特碱性炼钢法”在内的所有冶金方面的进步，都是从国外引进的。

另一方面，贝塞麦协会的人还被自己的愚昧所蒙蔽。1879年，《铁器时代》就刚刚过去的“贝塞麦年”发表了评论，还顺便指出，贝塞麦协会的确试着以自身为渠道，把其他人力、物力投入平炉炼钢法中。但那时该方法还很不成熟，入不了人们的法眼。而且在此之前，也就是1878年，用平炉炼钢法生产出来的第一批钢轨总计才9 397吨；同年，用贝塞麦转炉炼钢法生产出来的钢轨却多达70余万吨。15年后，平炉炼钢法的产量首次超过了贝塞麦转炉炼钢法的产量，并再也没有被超越。毋庸置疑，这些成绩并不是靠贝塞麦协会这单个因素取得的，平炉炼钢法凭借自身的某些优势，迟早大有可为，尽管今年欧洲贝塞麦钢的年产量仍高于平炉钢。但由于贝塞麦协会拒绝扩大工厂，确实在一定程度上使转炉快速沦为炼钢行业中的次要因素。

贝塞麦协会设计用于控制环境的体制结构中还有最后一个缺点，这个缺点因安德鲁·卡内基而备受关注。众所周知，在美国内战结束的几年里，卡内基在向冶铁业销售铁路债券方面非常精明灵活。19世纪70年代初，作为凯斯通桥梁有限公司的负责人，他在匹兹堡算得上是数一数二的人物。卡内基对铁很感兴趣，还与铁路公司有密切联系，因此有人很自然地认为他很早就被制造钢轨的新型炼钢法所吸引。但事实并非如此，在宾夕法尼亚州的其他人开始利用贝塞麦转炉炼钢法的发展机遇时，卡内基却按兵不动。据说，卡内基在1870年第一眼见到贝塞麦炼钢厂的炼钢过程时，他早期的不情愿瞬间烟消云散，像“圣保罗的皈依”[①]那样迷途知返了。这个“半是熔炉半是旋风”的东西据说让“他的野心连同决心突然爆棚”，它吹走了高利润的肮脏诱惑，在“他的脑海中烙下钢铁般的炽热印记”。

然而实际上，这个小个子男人决定进入贝塞麦炼钢行业似乎是经过深思熟虑的，正如他曾劝诫朋友：“开拓并不能为一个新企业带来收益，等炼钢法成熟了再行动也不迟。”被劝诫的这位朋友就是约翰·A. 赖特（John A. Wright），他曾是冶铁业最出色且经验最丰富的人物之一——自由铁厂的总裁。多年后，卡内基曾回忆自己是如何看着这位老朋友在探索先驱的道路上沦落的：1867年，赖特去英国购买了一个转炉及配套机器，把它们装在了宾夕法尼亚路易斯顿的铁厂里，然而他低估了试验所需的资金，试验的进展越发困难，公司最终破产了。卡内基亲眼目睹了赖特的经历、宾夕法尼亚钢业有限公司的危机以及特洛伊方面的困境，于是决定再等一等。到1872年，卡内基才觉得进入新行业的时机成熟了，于是他和菲普斯

① “圣保罗的皈依”：出自《圣经·新约》。

（Fhipps）[①]、麦坎德利斯（McCandless）和克洛曼（Kloman）[②] 等人合伙，并筹集了 70 万美元，开始在宾夕法尼亚的贝塞麦站建造“大埃德加 · 汤姆森工厂”。当时关于工厂的名字还有一些小争议，宾夕法尼亚铁路公司总裁约翰 · 埃德加 · 汤姆森告诉老朋友卡内基，他并不想让自己的名字和一家制造钢轨的工厂联系在一起，因为美国钢轨的质量实在是太差了。经过卡内基一番劝说，工厂最终仍定名为埃德加 · 汤姆森，并于 1875 年 8 月 25 日进行首次吹炼。

也就是说，卡内基一直等到贝塞麦转炉炼钢法证明了其价值后才开始采取行动：他挑选了亚历山大 · 霍利来设计建造工厂，那时霍利已建成了 5 座工厂，经验十分丰富；他还从坎布里亚聘请了训练有素、出类拔萃的比尔 · 琼斯。卡内基稳扎稳打的做法颇具成效：从 1875 年 9 月 1 日到 1876 年 1 月 1 日，他的新工厂在刚开始生产钢轨的 4 个月内就创造了 4 197 006 美元的利润。

配备了最现代化的工厂、经过检验的工序、训练有素的工人以及蒸蒸日上的公司，安德鲁 · 卡内基开始在贝塞麦协会的小世界里掀起风浪，这是自《旧约》的复仇时代以来从未发生过的事情。有一次，卡内基告诉一个朋友，自己偶然以埃德加 · 汤姆森公司总裁的身份受邀参加了贝塞麦协会的一场会议。会议

① 小亨利 · 菲普斯（1839—1930），美国商实业家、慈善家。

② 安德鲁 · 克洛曼（？—1880），钢铁制造商。

在费城举行，卡内基坐在一群正规划全年活动的“满是络腮胡的贵格教徒”中间。他看着那些人把一整年的钢轨产量分配给不同的公司——坎布里亚19%、宾夕法尼亚75%，到埃德加·汤姆森这里，只分到了9%。听到自己工厂分得的产量，卡内基一跃而起，要求自己的产量要和“最多的一样多”。原本一派严肃的贵格教徒笑了，卡内基不顾他们的嘲笑，称自己可以用比所有公司都低得多的成本轧制钢轨。他说：“如果不分给我最多的产量，我就退出协会，抛售钢轨。”于是在场的人不得不同意了他的要求。

钢铁制造商为保障自身所创建的环境，同样也是为卡内基先生走向成功精心设计的环境。在卡内基进入贝塞麦炼钢行业的10年前，行业先驱们含辛茹苦地建立起一个约束体制，能让他们共同限制并掌控所面临的财务和技术方面的不确定性。在一心追求保障的过程中，他们忽略甚至是忘记了一个事实，那就是他们为自己设计的这个掌控全局的工具，一旦被某个有头脑和胆量的人控制，就能轻易变成用于对付他们的相当危险的武器。安德鲁·卡内基就是这样一个有头脑和胆量的人。

对卡内基这位不同寻常之人，我们已经作了太多叙述，其中许多内容似乎掩盖了他的品质，而且也没有哪部分内容能真正揭示出他的神秘莫测。然而，大家有目共睹，卡内基是一个出色的推销员，且有出色的识人能力，埃德加·汤姆森的成功很大程度上取决于这两点。还有一点虽然不太明显，但卡内基确实费尽心思地掩饰其作为伟大领导者的冷酷无情。在听到自己工厂的产量超过了坎布里亚的产量时，他能在山顶上一扫阴郁，兴奋地手舞足蹈；他也能在给总负责人的信中写道："如果我们能正确应对（一整年的低价行情），那么战后的发展道路就会清晰起来——这一年里，没有坎布里亚、宾夕法尼亚钢业、乔利埃特和北芝加哥的分红会让某些妥善安排成为可能——要记住，正因有坎布里亚的保障，我们现在才能在西部得到很好的价格。"卡内基继续写道，"乔利埃特正在垂死挣扎（当时是 1875 年，埃德加·汤姆森进入贝塞麦炼钢行业的两个月后），米克尔（Meeker）也将以成本价接收订单。我相信我们更有能力控制成本，也不怕激烈竞争带来的任何后果。"

一年后，卡内基又给这位叫希恩（Shinn）的总负责人写信，说想要这位总负责人全身心为埃德加·汤姆森效力："我想方设法地让你全心全意忠于公司——我可以安排补偿——我不在乎钱，我只要……成功。"

卡内基的腔调与比尔·琼斯所说的工程师之间亲如兄弟般"激烈但愉快的"竞争不太一样，但意图却如出一辙。从高级合伙人到车间工头，埃德加·汤姆森工厂想要的只是……成功。难怪随着生产记录焕然一新、埃德加·汤姆森的生产成本平稳下降，也难怪转炉房的扫帚空置了一周又一周，他们连打扫都顾不上。

卡内基还有其他特质，其中一个就是对重要技术信息的洞察力。他经常被自己的同事和后来的追随者形容为广告商和引领潮流者，能写出“价格低迷的一年，二次轧制是最重要的”这样的话，“没有新式轧机和切割工具，琼斯就无法完成二次轧制，而一旦有了这两种工具，他就能狠狠打败坎布里亚。”“我看到用石灰石作炉衬可以吸收磷。西门子[①]博士（Siemens）在信中说他曾在平炉中尝试过用石灰石作炉衬，但失败了；这一问题似乎已经被攻克了……这太重要了，由不得我们掉以轻心——坎布里亚真是太失败了！我认为我们接下来应该会大赚一笔，而芝加哥和圣路易斯那边则可能不会有太多好处。”

“我当然会随时通知你。如果我们能在炼钢过程中把磷减少到13%，甚至再减少一点，那么共和国就是我们的天下了。”

但真正的成功主要取决于卡内基对形势的感知，他能理解形势中蕴藏的需求，并有一定的供应能力。这体现在他向斯坦利委员会[②]所做的“粗鲁不堪”的证词中，他大谈亲爱的老贵格教徒，还提出要给缺乏资金和信息的委员会负责人一座自己的图书馆；也体现在他选择进军贝塞麦炼钢行业的合适时机中；还体现在他一旦进军该行业，会如何行事的见解中。正如卡内基在19世纪60年代告诫合伙人时所说的，开拓时期没有报酬。

① 查尔斯·威廉·西门子（1823—1883），德裔英籍电气工程师、商人。
② 斯坦利委员会：美国众议院为调查美国钢铁企业而设立的特别委员会。

毫无疑问，他同意雷金纳德“喂肥了狮子的就是最早的一批基督徒”[1]的观点，所以他在1874年才告诉合伙人时机已经成熟，“是时候把你们的鸡蛋都放在一个篮子里了——之后要仔细盯着篮子。”这就是卡内基自己的伟大创新，是他相当有独创性的见解。然而，贝塞麦炼钢行业的走向却完全相反。到1875年，人们渐渐明白炼钢行业的基本构成：煤和焦炭、矿石、运输工具、转炉和加工设备。在转炉的作用得到验证后，工厂所有者产生了想把上述所有基本元素组装在一起的强烈欲望。火神星有限公司在圣路易斯成立后，将一个矿田、一个煤矿、一家铁路公司和一个转炉炼钢厂组建了起来。这就是垂直信任下的合并原则，它符合像沃德、哈里森和费尔顿等大多数人的生活模式，存在于各式各样的工业企业中。但卡内基没有这样的模式，1875年，他把“鸡蛋”都放在了一个篮子里，仔细照看，用自己的热忱孵化出现代工业。随后，围绕着安全的炼钢基地，他又获取了矿场、煤和焦炭的供货源以及航运公司，尽管他得到这些时，炼钢基地还不是特别的安全。与此同时，火神星公司有太多的义务和利益所在，无法像安德鲁·卡内基的工厂那样以低廉的价格生产钢材，因此其组建的复杂结构就土崩瓦解了。

至此，还有最后一点内容。1880年，卡内基占据上风，贝

---

① “喂肥了狮子的就是最早的一批基督徒”：出自《萨基短篇小说选》中《雷金纳德与唱诗班狂欢》，冯涛译，上海译文出版社。

塞麦炼钢行业的发展阶段也就此结束，基本模式已经确立。卡内基持续做大做强，收购了霍姆斯特德（Homestead）、杜肯（Duquesne）和亨利·克莱·弗里克等钢铁公司，还接手了亨利·克莱·弗里克（Henry Clay Frick）的整个参谋团队。不可避免地，卡内基模式最终塑造了“美国钢铁公司”，他所有的“鸡蛋”，或者说大多数“鸡蛋”，都放在了这一个篮子里。这些只是（三段论中）大前提的完善。在这段妙趣横生的发展阶段过去多年后，卡内基向一个调查委员会透露，他憎恨联营，也从未参加过任何联营，在他的脑海中，那群圣经人物在费城举行的会议根本算不上联营。在某种程度上，卡内基说得很有道理，他认为在自己所处的时代中，一个人凭借技能和毅力就可以接管整个体制。他一进入贝塞麦协会，就获得了对该协会精心设计的工具的控制权，进而统治了整个行业。这些工具经前任之手创造出来，用于限制企业的规模，但在卡内基的手中，它们用于组织、扩张甚至主宰整个行业。卡内基自己就变成了联营。

现在只剩下概括性思考了。第一个思考是知识和实践的对比，开篇就已提出，并且贯穿始终。1890 年，有人说：“几乎不需要任何化学知识。只需一个出色的机械工程师来建造，一个出色的管理者来管理——要用判断力去挑选人、用温和公正的态度对待骄傲或贪婪的人，要识别普通人和领导者的利益……能用外柔内刚的手段管理上千人。”这是对一种思维状况的准确描述，但管理者会不断发现，这种描述绝非真实情况。他们会聘用出色的工程师来建造，聘用优秀的管理者来管理，然后发现自己需要更多的信息才能继续推进，于是又从德国、法国、英国引进人才、吸收新思想。等到这些新思想也消耗殆尽了，他们就又开始搜刮更多的思想、更多的人才。有一段时间，贝塞麦炼钢行业大多是靠亚历山大·霍利的智慧得以存续，那时霍利也必然定期走访欧洲，以更新完备自己的独创性智慧。

贝塞麦转炉炼钢法的发展确实是美国技术的胜利，这一点毋庸置疑，但这种知识却依赖于从国外获取的信息，而且只有当这些基本信息得到完善时，这种技术才能得到改进，这一点也不容争辩。换言之，我们的工序并未建立在安全可靠的本土知识基础之上，而是在某种特别的基础上推进。当现有的做法被证明不合适时，我们只能走出去，借鉴特定思想以弥补不足。我们在对知识的理解方面也没有取得普遍进展，虽然我们大大提高了每个转炉的产量，极大地完善了工厂组织结构，在设计上进行了无数有效的改进，成功生产出比实际需求更多的钢轨，却没能提高人们对新型炼钢法的普遍认知。我们只能从欧洲为炼钢行业引进大量补救措施，还要从转炉中发生的反应、元素组成不同的生铁会生产出质量不同的钢、托马斯 - 吉尔克里斯特碱性炼钢法以及新的平炉炼钢法中获取信息。

在这种情况下，知识和实践的对比代表着工程师在节省精力方面卓有成效。在完全不偏离正轨的情况下，人们探索出一种巧妙的方式来准确挑选我们所需的某种信息，以解决出现在发展阶段中的几个特定问题，从而进入理论和推测的王国。在人们所知甚少或得到的信息还不足以在行业内生存时，德菲建起了自己的小实验室；在生存问题涉及增加产量而不是增加额外信息时，化学就会被正义凛然地视为会毁掉这个行业。新要素的引进，会扰乱原本有序的生产方式。所以，即使是质量很差的钢轨，其产量也相当惊人。尽管这种方法很有成效，但也掩盖不了一个事实，那就是这种令人惊叹的技术始终依赖于思想的不断供应。不同于从现成思想池中挑选合适的思想，思想的产生是无法靠投机取巧实现的，因为它需要调查研究、需要思考，而思考又是一个非常浪费精力的过程。所以，人们自然就在激烈的竞争中专注于方法，把思考留给其他经验丰富的人。

第二个思考关乎当时的热情兴奋，或者说是活力。约翰·弗里茨认为，早年进入贝塞麦炼钢行业的人，都在某一时刻后悔不已，这很有可能是真的。但是，记载的文字和人们的回忆都传递出了痴迷和兴奋，冲淡了一时的愤怒和绝望。转炉本身令人惊叹的特性、10 吨重的物质被轻而易举地抬起并被“管教”得服服帖帖、吹炼时火星四射的恢宏场面以及炼钢行业潜伏的危机和对身体的伤害，都叫人神魂颠倒。令人惊讶的是，这些人经常在自传、回忆录、专业期刊和纪念册中写下他们对那个时代的生动回忆。他们是历史性贡献的一部分，也是破坏性的新事物的一部分。他们在技术的荒漠中前行，这种探险最能吸引工程师。他们面临令人沉迷其中的发展问题，并用技巧和胆量加以解决。这里值得注意的是，无论是在金钱还是在地位方面，他们在这一阶段都达到了相当高的水平。比如令所有人瞠目结舌的是，比尔·琼斯的薪水虽然没有安德鲁·卡内基的高，却超过了美国总统，所有工厂对杰出的工程师也是求贤若渴。琼斯也有十分清晰明确的政策，政策的威慑力就取决于他能做的或能说服别人做的事情上。经过多年的发展，在运营方面赫赫有名的琼斯、亨特、弗莱、弗里茨等人逐渐退出舞台，当然，他们的地位也随之下降。

第三个思考是对民族特色的坚持。比如说，英国人倾向于继续研究化学结构、探索新产品的多种用途，而美国人一旦发现某种方法可行，就会集中精力钻研能提高产量的方法。美国人的这种做法不仅体现在大型机器和节省劳力的设备稳步发展的过程中，还体现在19世纪时盛行的、人们称之为“忙碌喧嚣”的状态中。一位英国旅行家曾惊叹于宾夕法尼亚钢业有限公司的规模和复杂，他说自己只想坐在钢锭上，整日欣赏这座工厂。对此，霍利反驳道，自己还得去一趟英国，才能找到一块儿放得足够久、凉得能让他坐下来的钢锭。值得注意的是，民族特色间的差异性不一定由民族基因的差异性导致，甚至可能都不是民族基因差异性导致的结果。更确切地说，民族特色之间的差异性源于当时的情况，而在美国，19 世纪的大环境就是需要大规模生产以满足人口不断增长的欠发达大国的需求。

这些也许是对次要意义的思考，还有两个更重要的思考。首先与人有关。我们已经注意到，贝塞麦转炉炼钢法的引进和发展吸引了一批在各自领域相当精明能干的人才。这些人中，有 3 人不应说是人才，而应被称为奇才，那就是埃贝尔·布罗克·沃德、亚历山大·霍利和安德鲁·卡内基。这 3 人虽然出现在发展阶段的不同时期，各有千秋，却是将钢铁业务交付给美国人民的主要功臣。沃德是贝塞麦炼钢行业的开创者，霍利把贝塞麦转炉炼钢法提升到了高度实用的水平，卡内基则提供了最终的管理方法。有趣的是，尽管这 3 人在性格和思想上天差地别，但他们有一个共同点，即在某种意义上，他们都对自己的创造失去了兴趣，或者更确切来说，他们最初的兴趣被其他兴趣取代了。我们说过，沃德离开了凯利气动加工有限公司，去打理自己拥有的其他大型企业，还去探索了平板玻璃的可能性。而 19 世纪 70 年代末，霍利把越来越多的精力放在了开发平炉上。他在 1882 年去世前不久曾对一位朋友说，他很遗憾不能在活着时把完善的西门子 – 马丁炼钢法（平炉炼钢法）留给美国人民。卡内基也是如此，早在 1889 年，他就开始考虑出售自己的商业帝国；1890 年，在合并组织了弗里克的参谋团队后，卡内基对工厂越来越不上心，直到 1901 年这些工厂被全部出售，他曾在 1876 年告诉希恩自己感兴趣的不是钱，而是成功——这家伙腰缠万贯，这么说不免可耻；到 1889 年，卡内基知道自己已功成名就，并且在职业生涯中再一次燃起了对炼钢行业所存在的可能性的兴致。1900 年，卡内基在把公司卖给约翰·皮尔庞特·摩根（J. P. Morgan）[①]之前，制定了一系列高明的策略来抬高股价，这让他获得了无限的乐趣。

可以说，在所有参与引进贝塞麦转炉炼钢法的人中，沃德、霍利和卡内基 3 人是十足的创新者——他们有能力从形形色色的选择中理解某个新思想或新方法的独特意义；也有意愿全身心地投入尚处在开发阶段的新思想或新方法；在新思想或新方法臻于完美或可以被人们普遍接受时，他们还有时间和自由转向其他事物。这 3 人的关键特征可能是，他们并非被某个事物本身的新元素所吸引——无论是思想还是方法，也不会从一而终地献身于某个事物及其发展的始终；换句话说，他们并不会亲自参与事物持续发展的过程。相较之下，另一个能力出众的人——坎布里亚的丹尼尔·约翰逊·莫雷尔早在 1857 年“凯利的烟花”出现的那一刻就被贝塞麦转炉炼钢法深深吸引了，然后他就一心扑在这上面，直到去世都别无二心。在任何时候，莫雷尔都表现出卓越的洞察力、良好的判断力和真切的毅力。但是，由于一直全身心致力于贝塞麦转炉炼钢法，在后期阶段，他深陷联营和关税的防御以及对现状的维护中，无法自拔。

---

① 约翰·皮尔庞特·摩根（1837—1913），美国金融家、银行家。

他们的不同之处在于，沃德、霍利和卡内基都是有创造力的人，而莫雷尔却不是。对前三者来说，贝塞麦钢这一特殊媒介和金钱只是次要兴趣，但这个特殊媒介却能让他们以新的方式表现自己，制定令人兴奋的新秩序、根据自己的思维和情感创造出史无前例的事物。一旦取得成功，他们就转向新的创造机会，比如平板玻璃，比如平炉，比如和平。他们不会把自身和创造物画等号，也不会因自己创造出来的物品得以永存感到满足，他们是从创造行为本身得到满足。

最后一个思考是，有人认为在1857—1880年间引进贝塞麦转炉炼钢法是一次锻炼，也许不是对胆怯的锻炼，而是对极度谨慎的锻炼。在凯利首先提出新炼钢法后的10年间，无人对此表示关注。而贝塞麦发表完论文的7年后，欧洲至少有6个国家行动起来，建造了转炉炼钢厂，随后美国才建立起了试验型工厂。铁路公司的消费需求促使制造商投入生产，而一旦进入该行业，制造商就会无所不用其极地将自己的产品限制在唯一的用途中，一旦这种产品的需求开始收缩，他们就会想方设法限制行业的发展。

这就是早期发展的主线，辅助数据只是更清楚地勾勒出其主要轮廓。实际上在新型炼钢法的发展阶段，主要制造商几乎没有财务上的风险，除了自由铁厂的赖特（他确实破产了）。其他人通常只投资了所有财产的一小部分，或是等到自己铁厂的利润能让他们冒险尝试建造一个附属钢厂时，才开始行动；

他们会利用企业结构有限的责任来进一步保护自己；会打消技术人员引进先进技术的冲动，因为这会妨碍他们获取即时利益；他们像一个有绝对统治权的君王一样，对自己的王位忧心忡忡，用所有蒙昧主义的手段限制当前信息和新信息来源的发展。这个清单可以无限地延伸下去。

现在可以说，在1847—1880年的大部分时间里，这种极度谨慎都是非常合理的。总结所有原因时，人们应该考虑引进新型炼钢法的人所面临的困境和危险，这并非杞人忧天；还应考虑在这一时期——实际上是在任何时期——有多少划时代的好想法在实践中湮灭。人们应该认识到，或许也应认同，就所有事物而言，包括人类本性，参与贝塞麦炼钢行业的那些人所持有的谨慎态度在当时确实是明智且合理的。

问题是，这些人比同时代的人更执着。大约在1874年，他们为避免不确定性而建立的复杂保护机制突然发生了变化。那时，批量生产的方法已经完善，整个社会对产品的需求大大超过了铁路公司对其的需求，行业组织结构已经相当稳定。换言之，摆脱人为束缚、发掘新需求以及享受自由企业带来的无数好处的时机已经成熟。而这些人却故步自封、靠着10年前的知识生存、拘泥于自己的小企业，迷茫于自己在转炉上投入的时间、金钱和尊严，没能察觉出不断变化的时代需要新的解决方法，也没能察觉出时代已然发生了变化。到1874年，他们亲自把一手建立起来的保护和限制机制彻底逼入死角。

从某种意义上来说，一个局外人拯救了这个局面，在其他人对专利权前赴后继时，这个人愿意耐心等待，直到该行业准备好迎接新的发展。他就是卡内基，凭借对时机和形势的把握，他奋勇向前，篡夺了其他人在这个国家建造起来的王位，就如同西奥多·罗斯福在 1902 年打破了海军在新型炮术系统上的僵局一样。

总之，在创新过程中产生的阶段显然比最初看起来要多，包括发明阶段、第一批企业家应用发明的阶段、其他企业家和工程师改进并巩固发明的阶段，以及另一些企业家接受发明并扩张的阶段。在每个阶段，似乎都有新的人取代那些失去兴趣或失去资本的人。显然，只有置身每个阶段之外的人，才有能力衡量内部事物的状态，并有意愿让自己适应这种状态。

08

第八章

一些建议

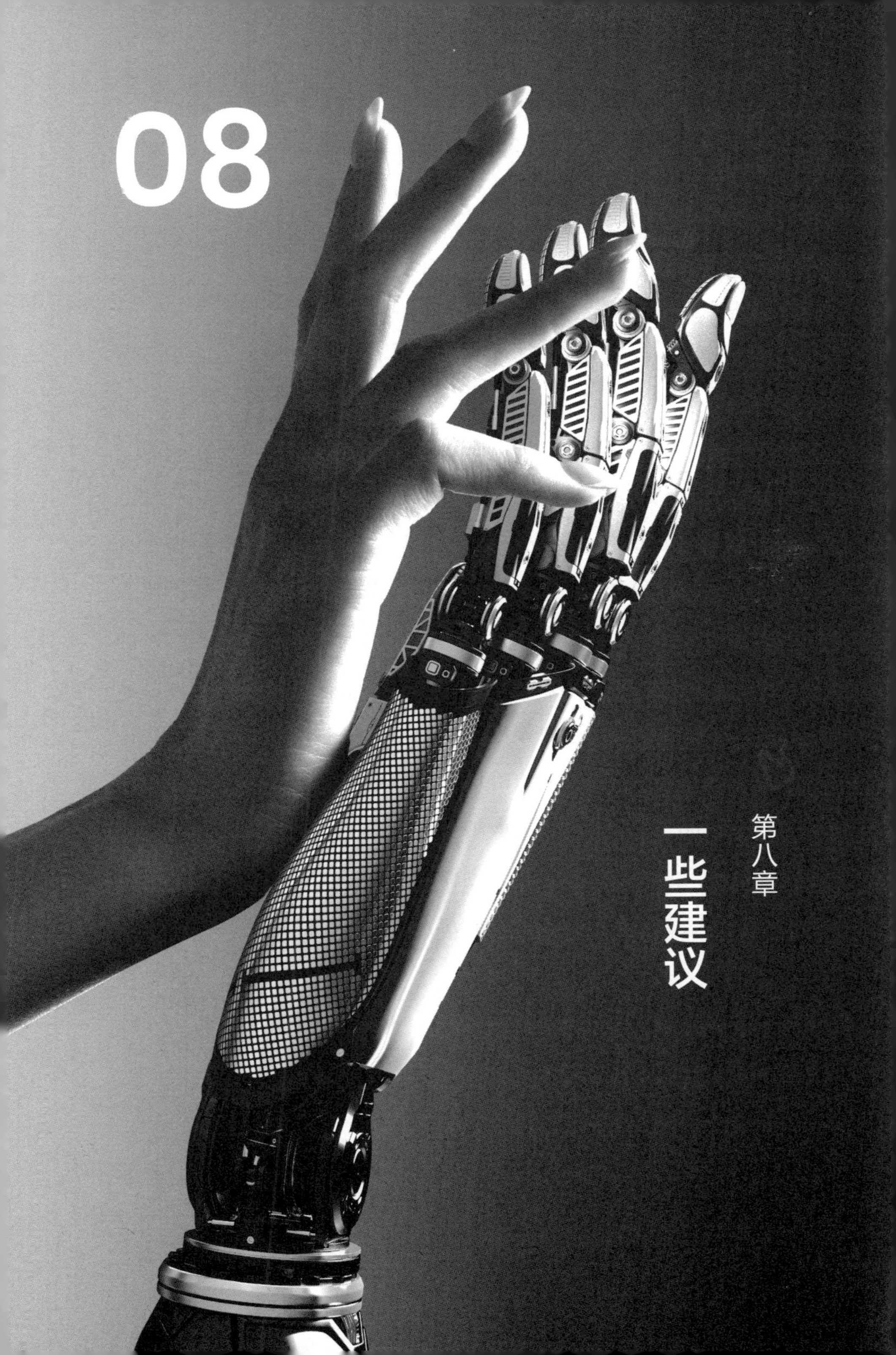

一个多世纪以前，马修·阿诺德（Matthew Arnold）[1]曾问道：煤炭、铁和铁路公司与美好和光明有什么关系？总体而言，在过去的一百年间，人们给出的答案似乎都是："没什么太大关系。"黑漆漆的魔鬼磨坊里似乎磨不出人们需要的东西，许多人面对阿诺德提出的问题，都能不约而同地得出这条结论。例如，像艾尔伯特·杰伊·诺克（Albert Jay Nock）[2]这类人一直想关停工厂，回归更有田园气息的时代；而罗伯特·戴尔·欧文（Robert Dale Owen）[3]或威廉·莫里斯（William Morris）[4]这类人则提出了不同程度的小调整；还有一些人，他们接受了现状，创作出包含不祥预言的神话或警世寓言，从《科学怪人》（*Frankenstein*）到《万能机器人》（*R.U.R.*），

① 马修·阿诺德（1822—1888），英国诗人、文化评论家。

② 艾尔伯特·杰伊·诺克（1870—1945），美国自由意志主义作家、编辑、教育理论家、社会评论家。

③ 罗伯特·戴尔·欧文（1801—1877），苏格兰社会改革家。

④ 威廉·莫里斯（1834—1896），英国纺织品设计师、诗人、小说家、翻译、社会活动家。

再到《美丽新世界》（*Brave New World*）和《1984》。所有这些见证人似乎都在以各种方式传递出一条信息：随着发动机马力的增加，人性中仁慈的一面都被碾成了碎片。

另一些人接纳了现状，但是以更平和的心态接纳它，他们索求的是总体生活水平的稳步提高。过去150年来，无论在何处使用机器，都未能带来多少美好和光明，但它们却逐渐让实际生活变得更容易接受。许多确凿的证据表明，这种立场通常由这类人持有——他们往往认为，人类历程与其说是一段闻所未闻的乐曲，不如说是一段有关鲜血、面包和金钱的征程。

总而言之，所有这些不同的态度都是在反复控诉：人们用发动机或动力装置所做的一切都和马修·阿诺德所说的（人类所想、所言、所感受到的最美好的事物）背道而驰。一直以来，有一个小的学派对事物的看法略有不同，这群人试图在美好、光明、煤炭、铁和铁路公司之间建立某种联系。亨利·乔治（Henry George）①、格雷厄姆·沃拉斯（Graham Wallas）②甚至马克斯·韦伯（Max Weber）③可以说是以截然不同的方式承担起了这份工作。这一学派中最有影响力的就是卡尔·马克思（Karl Marx）④。

---

① 亨利·乔治（1839—1897），美国政治经济学家、记者。

② 格雷厄姆·沃拉斯（1858—1932），英国社会学家、社会心理学家、教育家。

③ 马克斯·韦伯（1864—1920），德国社会学家、历史学家，现代社会学奠基人之一。

④ 卡尔·马克思（1818—1883），德国哲学家、经济学家、历史学家，马克思主义创始人之一。

乔治、阿诺德等人都以某种方式提出了相似的观点，但他们都没有托马斯·赫胥黎[①]（Thomas Huxley）讲得直白。19 世纪末，赫胥黎曾在巴尔的摩说，他对自然资源、知识、机器等都不以为然，即使它们可以极大增强人类应对自然环境的能力。他还说："你们准备用这些东西做什么？这才是最为关键的问题，这关系到一种真正的崇高，以及悬而未决的命运所带来的恐惧。"

提出这一切的原因是，经历了长达一个多世纪的猜测、神话预言、逻辑体系构建、感伤悔恨、立法行动以及社会适应后，最初的问题似乎仍然存在。如果说雪莱夫人[②]对世界末日的幻想和赫胥黎对悬而未决的命运的恐惧似乎源于一些人类活动，那么我们现在能做的，就是炸毁整个世界。但如托马斯·斯特尔那斯·艾略特所说："我们也可以不那么戏剧性地让这个世界'郁郁而终'。"[③]为了满足人类的基本需求，我们创造出思想、能量和机器组成的体系，现在看来，如果不给予充分重视，这一体系似乎会把人类限制在一系列有限的需求中，而满足这些有限需求恰恰是当初设计这一体系的初衷。或者换句话说，这一体系可能已经有了一定规模的、大量且复杂的内部变化，

---

① 托马斯·赫胥黎（1825—1895），英国生物学家、人类学家，专长比较解剖学，达尔文进化论坚定捍卫者。

② 雪莱夫人：玛丽·雪莱（1797—1851），英国科幻小说家，著名诗人珀西·比希·雪莱之妻，代表作《科学怪人》。

③ "郁郁而终"：出自艾略特所作诗歌《空心人》。

从而使人类越来越难以在其中舒适且安然地生活。或者再换句话说，我们可能会陷入一种讽刺之中，每当我们凭借自己的智慧琢磨出各种方法，看似能在相当程度上掌控桀骜不驯的自然环境时，就会发现我们通过这些方法又创造出了一个我们根本无法掌控的复杂人造环境。

显然，不夸张一点是很难陈述这件事的，但夸张的言辞又会招致夸张的反应，比如会招致人们可怕的想象、革命性的计划。实际上，这些都不是小问题，无疑还会伴随着严重的后果。然而，这里并非要尝试进行伟大的总结或得出包容开放的观点，只是谦虚谨慎地提出一些不成熟的建议。大家不要把这些建议当成是对宏观主题的系统性分析，而要将其视为对主题中某些模式的单纯反思，有些甚至是已为人们所熟知的思考。

简单来说，现在的问题是如何管理思想、能量和机器这一体系，以使其符合人类社会的方方面面。以往的经验告诉我们，有三件事不可为。第一不可为的是查尔斯·珀西·斯诺说的勒德分子所使用的方法，即在思维更为单纯的久远年代里，人们解决扰乱既定习俗的新机器的方法通常就是将其烧毁破坏。从历史上看，这种原始粗暴的回应只产生了暂时性的局部适应，就像年代更加久远的毕达哥拉斯学派那样，那些人为了保持其数学表达式的纯洁性，就把发现无理数的人处死。无论是毁掉织布机的愤怒工人，还是在没有火床的操作间里的锅炉工——这是一种象征性的破坏，这种形式都没有触及问题的核心，反而让问题变得更加复杂。

第二不可为的是试图采取等同于勒德分子那种直接又死板的攻击方式来阻止体系产生新的思想、研发新的机器。也就是说在现代，大学和商业实验室常常是能产生新奇思想并将其付诸实践的地方，人们不能采取烧毁实验室或削减预算这种方式来阻止新思想和新机器的诞生。在一个逐渐重视知识分子的世界里，必须创造出一种条件，使之思想保持活跃。如果一个人发现了中微子可能存在的证据，那么他就必须要去寻找中微子；如果一个人想到晶体管或燃料电池的可能性，那么他也必然要尝试着去找到它们。此外，现有科技体系中的惯性太大，以至于无法通过人为手段来改变。一件事物、一系列发现通常会导致另一件事物、另一系列发现的出现。

第三不可为的是为了迎合人的目的去设计某些宏大的综合理论，把思想、能量和机器的整个体系置于适当的控制之下。这种宏大的综合理论在实践中都收效甚微。显然，人类所处的任何条件都存在太多变数，而在任何固定不变的宏伟设计中都无法完全掌握这些变数，而且在这种瞬息万变的特定条件下，任何宏伟设计都会很快过时。

因此，我们必须从其他方面着手，寻找管理这个体系的方法，使其符合我们的利益或符合人类的所有方面。我们曾在介绍“万帕诺亚格”号时提到，技术往往会创造有利于自己的环境和一系列条件，那么简单来说，我们首先面临的问题是如何逆转这一过程。再简单点儿来说，随着机器的力量和规模逐渐增大，人类越来越倾向于自身去适应机器，而不是让机器越来越适应人类社会。

开始思考这个问题的方法之一，就是从相对简单的过去顺藤摸瓜，19 世纪引进的巴氏杀菌机或许可以提供一种启发性思路。这桩错综复杂的历史故事包含许多纠缠不清的线索，要想理清这些线索，则需要通过大量的时间进行大量的研究，但在这里一些主线就足够说明我们要讨论的问题。19 世纪 50 年代，巴斯德在研究法国葡萄酒产区的葡萄树所感染的疾病时，提出了巴氏杀菌的概念。然而，该思想的第一次普遍应用似乎是在 10 年后的丹麦。丹麦人靠出口奶酪为生，他们发现对牛奶进行巴氏杀菌后，再加入一些小菌群就可显著提高奶酪产品的均一性。因此，尚在发展中的合作社开始要求所有出口奶酪都要经过这一道工序。后来，人们又发现，喝巴氏杀菌奶的小牛患牛结核病的概率要远远低于喝生牛奶的小牛，因此，丹麦又通过了法律，要求给商业化牲畜喂食经过巴氏杀菌的牛奶。不过当时还没人想到，人类也能从巴氏杀菌法的应用中获益。

德国普遍应用巴氏杀菌法的时间要比丹麦略晚一些，而且是从啤酒开始的，当时啤酒酿造者发现巴氏杀菌法可以使生产的啤酒更加标准化。随着时间推移，一直到 19 世纪末，德国化学家和医务人员才开始收集证据，证明生牛奶中含有对人体、啤酒、葡萄酒和奶酪有害的细菌。于是，德国皇帝强制要求，商业乳品厂出售的牛奶都要进行巴氏杀菌。在 19 世纪的最后几年，这一思想跨过英吉利海峡传入了英国，英国人对此产生了浓烈的兴趣，并将应用巴氏杀菌法这件事情反映给各个选区的选民，但大多数情况下，选民们虽然没有抵制，响应却不太积极，因此巴氏杀菌法这些年在英国一直没有流行起来。

在美国，情况则不同。19 世纪 80 年代末至 90 年代初，美国许多城市的乳品厂秘密引进了巴氏杀菌法。那时牛奶棚建得离城市中心越来越远，从农场到装瓶厂再到运输牛奶的过程中，牛奶很容易变质发酸。于是，乳品厂开始进行巴氏杀菌以保鲜牛奶。他们都是秘密进行这道工序的，因为老百姓很抵触喝巴氏杀菌奶，他们声称这种牛奶里都是（细菌的）尸体。

这种抵触是以一种非常有趣的方式消解的。19 世纪 90 年代时，一位在纽约定居的德国犹太富人返回故土时听说了巴氏杀菌法及其可能会产生的有益效果，决定一回到故居（经济十分萧条的纽约市下东区）就引进这种方法。于是在一个秋天，这位富人开了一个免费的牛奶厨房，给所有来客分发巴氏杀菌奶。一开始几乎没有人来，但这位富人不仅慷慨大方、坚持不懈，还很聪明。在哥伦比亚大学一位生物学家的帮助下，他在下东区的两个街区做了一个相当大的实验：他劝说其中一个街区的居民从免费厨房领取牛奶，另一个街区的居民则照常从流动商贩处购买未经巴氏杀菌的散装牛奶。几个月的时间里，持续对两个街区出现猩红热和白喉症状的居民进行了详细统计，最终的统计结果证明，巴氏杀菌法在降低疾病发病率方面有惊人的效果。不久之后，纽约市就颁布法令要求商业乳品厂采用巴氏杀菌法，美国其他城市紧随其后，也相继通过了类似法令。

在20世纪接下来的10年间，对牛奶进行巴氏杀菌的思想尽管没有大面积普及，却很有进展，最后成为全球的标准操作，当然，除了法国。

如前文所述，这都是思维单纯的久远年代，巴氏杀菌机也并非是非常强大的机器，但它的历史至少可以作为一个寓言。我想起了两年前，有艘货轮驶入了贝鲁特港，30年前那里还只是一个带着浓郁中东特色的小港口，现在这座城市里心灵手巧的居民发明了混凝土、平板玻璃和内燃机等奇迹，正忙着在他们的山光水色间建造另一个著名的“迈阿密海滩”。

我把这些事情放在一起讲，并不是想得出什么惊天动地的观点，贝鲁特和迈阿密海滩实际上也只是在讲述巴氏杀菌法寓言中蕴含的意义时的一个小插曲。如前文所述，巴氏杀菌机并非多么强大的机器，但它的经历表明，社会习俗的影响或许可以通过某种方式改变机器的应用，而机器最终会变成什么，人们又如何使用机器，则是由使用机器的不同社会中的文化需求和态度决定的。

比起巴氏杀菌机的时代，当代的机械要精细得多，复杂且强大，在社会结构中无处不在。总体来说，今天的文化约束似乎远不如半个世纪前。然而，如果人们以正确的方式运用机器，则很有可能建立起一种新的文化，并将新技术限制在合适的范围内。

创造这种新文化看似是头等大事。当我们挖掘自己的能力去做任何想做之事时，比如从登月到人类大脑移植，我们还必须找到新的方法，在所有可能要做的事情中进行选择和判断。如果我们要管理为自己的利益而建立的强大体系，也就必须创造一种能在新的格局中明确界定我们的实际利益的新文化。

在过去的一百年间，有一个难题，那就是技术进步是在一种文化氛围中进行的，这种文化氛围经过了几个世纪的打磨，只用于处理小规模或低功率的情况，并且这种情况一直稳定维持了很长一段时间。因此，现代技术的进步越来越倾向于系统性破坏人们惯有的态度和价值观，这些态度和价值观通常是在无意中创造出来的，用以掌控异常情况。在其中，人们更多的是被匮乏的力量所困，而不是被过度拥有可以随意支配的力量所困。因此，导致这两种文化大战的很可能不是人类理解的某些根本分歧，而是其他原因。一方面，人们渴望扩大知识面、增加物质基础以改变条件；而另一方面，人们寻求保护一套定义或一种文化，这些定义或文化能让人类利用有限的知识和匮乏的物质基础应对看似一成不变的条件。换句话说，过去一百年间，人类好像一直在试图回答赫胥黎的问题："你们准备用这些新东西做什么？"但人类只考虑了自己在自然界中的地位，却没有考虑自己在用"这些新东西"创造出来的新环境中可能具有的地位。

任何人想要成功处理这一问题，就必须考虑新事物和环境的本质。首先，要理解思想、能量和机器组成的体系有某些特征：该体系内部变化速度非常快；该体系往往与其产物和效果趋于统一；该体系在程序上有重复和分化的倾向；该体系在规模和节奏上逐渐增加。所有这些趋势都会在体系中的惯性作用下走向极端，从而产生超出人类适应能力的条件。总的来说，变化速度、一致性、重复性以及规模和节奏创造出一个人类从生理上无法轻松适应的环境。用现在流行的话来说，人类被异化、疏离了。虽然这一体系可能在知识上和经验上具有完整性——也就是说它是起作用的，但它没有道德上的完整性，除了有效运作之外，没有任何明显的目的，这会增加人类的这种疏离感。

要想有意识地创造一种新文化来容纳和管理这种体系，必须把上述的 4 种特征作为首要原则加以考虑。这种新文化必须设法利用这些特征的优点并纠正其缺点，例如，它必须在一致性中引入特异性；在必要的重复性中引入变化性；在规模经济中引入小规模经济；在一般的节奏中允许节奏的调整。作为一组建议，这似乎不过是充满诗意的肯定，引发令人着迷的共鸣，但也可以通过具体的例子使其更有内涵。

奇怪的是，武装部队竟然能提供适当的例子来指明行动方向。武装部队有核武器，这满足上述体系趋向的极端，即拥有彻底的破坏力。但出于实际目的，武装部队围绕这一极端建立起的是一整套等级分明且破坏力有限的武器库，比如火力较弱的老式武器和调控核能的新式武器。

任何有破坏力的事物同样也有创造力。就速度而言，我们现在有喷气式飞机，很快也会有超音速运输机，但这并不意味着我们在任何合法场合，都必须以这种令人毛骨悚然的速度行动。我们可以在各种各样的场合中，按照人类的需求或意愿使用不同的运输速度。拿重复性和变化来说，在现代工厂中，我们当中很大一部分人的能量和想象力都在无数小程序的无意义重复中瓦解、禁锢，这些小程序还并非那么容易就能和其他不计其数的小程序联系起来。这样的方法显然十分经济，但这并不代表某些设计上的巧思不能产生更人性化的生产方案，这些方案可以随着时间流逝转变为经济优势，至少在储存人类能量和想象力的过程中是如此。就规模而言，无论是在城市、企业、公寓、大学还是在中小学，上述体系都鼓励并支持逐渐扩大规模。无论是在人满为患的机场、1 英里（约 1.61 千米）长的流水线上，还是在一个可容纳 2000 人并装上了音响设备的教室，都会有一种空旷感，以致一个人找不到明确的位置来获得所需要的关注。分散能量可以让局部地区的人口规模降至宜居比例，这样做并不是没有道理。

有启发性的例子数不胜数，但重点是一样的。为积累物质财富，19 世纪发展起来的发明方法，在面对 20 世纪和 21 世纪不同的需求时，这些发明方法需要拓展并重新定向。首先，在机械领域，发明不需要满足太多或不只是要满足技术或金融方面的要求，还要满足与人类利益相关的要求。如果工程师想要建造出高效、用户体验好，甚至是让人感到有趣的机器，那么就必须增强自己的智力和理解力。

也许最为人类利益着想以及使用起来最有趣的机器，是第一个真正的原动机——蒸汽机，它大得让人肃然起敬，也小得让人了如指掌。蒸汽机的主要工作部件完全裸露在外，让人不仅能了解它的工作过程，还能更直观地感受到这一过程；它工作时发出的声音是那么美妙，还会喷出烟雾、蒸汽和火花，极具视觉冲击力；它以非常庄严肃穆的节奏运作，给人以厚重持久的感觉，“不受急于用新东西取代的成本会计人员的支配。”英国克罗夫顿曾有一台这样的蒸汽机，150 年后，“它经过深思熟虑，停下了自己非同凡响的工作，这太动人心魄了”。

此外，更重要的是，一个人必须费很大力气才能维持蒸汽机的运作。在整个系统中，操作人员需要研究测量仪器、开合阀门、下压火苗、勒紧传动带、拉动杠杆、维持微妙的平衡。“从耦合法兰到主轴导轨 / 上帝啊，我看到了您的操纵 / 所谓命运就是连接杆的大踏步传送。”[①] 难怪蒸汽机能打动人心，能融入想象，能在赞歌和故事中流传千古。用这样的机械系统工作，能让一个人的力量更加强大、更有锋芒且永不消亡。

---

① 出自英国诗人约瑟夫·鲁德亚德·吉卜林的诗歌：《麦克安德鲁的礼赞》。

当然，这是一种原始的机械系统，是人类在掌握工业知识的早期形成的。这里并不是要让人们回到过去，只是想表明：随着机械系统更加精妙复杂，最初在无知年代下达到的目的，如今仍然可以通过精心设计来达成。一般来说，很难用几台独立的现代机器达到目的——除了消费品领域，这个领域越考虑消费者的存在和本质，就越容易达到目的。但如果能发挥更大想象的话，在我们周围的工厂和其他地方的机械系统中，设计安排几台独立的机器也是可以如愿以偿的。

然而，未来最重要的发明并不像 19 世纪那样，蕴藏在机械领域，而是在另一个领域，即蕴藏在我们如何应对由新机器和新观念产生的所有新情况中。本书第二章曾提出如下建议：考虑到所有的新条件和未来更多的前景，我们应该构建一个适应性社会，脱离对即将改变的特定产品或程序的忠诚，转而致力于生存过程——也就是说，致力于快速变化的过程本身。这个建议有一定的吸引力，它通过重新解读心理学研究结果而得到加强，并通过参考伊丽莎白时代的庄严历史而得到支持。但就像传教士“行善、行善、行善”的反复训诫一样，这个观点缺乏实质的内容。它还在某种程度上规避了一个主要问题：无须拥有一种权力，即从可能的变化中选择最理想的变化来适应，仅是一味适应就已足够？换句话说——如果只是轻松地适应新机器或新思想带来的任何事物，一个适应性社会除了生存之外，是否会失去所有意义？通过追求这唯一的目标，这个社会真的能够长久存活吗？

15 年后，这些问题的答案是：在充满巨大变化的时代，仅仅构建一个适应性社会是不够的。社会必须找到能掌控自身本质和发展方向的手段，要达到这一目的，似乎有三件事要做：第一，社会中的成员必须感觉到他们正在参与规划事务的秩序，感觉到自己有选择权；第二，为了赋予这种参与感和选择权实际意义，社会成员必须提供特定的依据来判断可能的选择；第三，除了为任何特定情况提供的依据，社会成员必须有一种更普遍的目的，它可以作为一个管理背景，纳入特定的判断。

当前的趋势是减少这些要求的影响。在由机器、能量和思想组成的庞大体系中，惯性总是倾向于作“匀速直线运动”。为了应对这种因惯性而建立的大型公共及私人机构，比如政府或企业，总是倾向于产生相同的效果，倾向于由他人做出决策并在一定范围内全面实施这种决策。首要的问题是，如何在这样的一个体系中保证有一系列合适的备选方案，以供社会成员考虑后做出决策？又如何提供充足的依据，以便在备选方案中做出合理的选择？

在本书的前几章中，有一些零碎的证据或许可以为这个问题指明一种解决方案。在本书所述的各个历史情境中，每个案例中的某些人都会面临一种新的机器或一种新的机械工艺，比如一种新的火炮射击方式、一种新型舰船、一种新的炼钢法，等等。并且在每个案例中，人们都诉诸了所谓的实验论证。在珀西·斯科特爵士的指导下，“可怖”号变成了海军军械局的海上实验室；在怀恩多特和特洛伊时期，人们有意识地在试验的基础上建造了转炉；海军部长要求3个不同的人尝试设计伊舍伍德所设想的新型舰船；慈善家在纽约两个街区进行实验来证明巴氏杀菌机的效用；查尔斯·珀西·斯诺为计算机作为决策者所具有的影响感到不安，提出要对计算机进行一系列实验练习。

在每个案例中，人们在面对机械方面的新奇事物时，都努力为直接利益相关的群体成员提供机会，以证明新工具的运作方式、评估新工具在群体中的意义，并由这些人自行决定是否接受，或是选择调整这种新奇事物带来的新条件。

在我们都参与了技术变革，都变成了群体中利益相关且受影响的成员，这时的建议是，将这种方法大规模地扩展进社会中的每一个部分，营造一种风气，找到一种手段，以使社会成员通过设计实验来探索新工具和新程序，同时也要考虑备选方案，并在收益明了前保留判断。在所有存在困难和疑问的领域（如运输、城市管理、交通管制、病人护理、教学过程、现存制度结构、运输手段等）进行一系列小型实验，利用观察所产生的证据和分析结果的手段，产生一系列备用解决方案和必要的数据，以便更充分地理解新条件的本质，并在备选方案中做出明智选择。

以某些新机器为例，如今正在发展的技术中有一些元素被称为“知识产业”。这种技术不仅包括耳熟能详的计算机、教学机器和语言实验室，还包括能快速复制材料、吸收新旧信息、拥有视听功能的新设备等。这种快速发展的技术所具有的影响还未完全为人们所理解；它对可能的研究内容和研究方式以及对学校建筑、教室规模、学习过程等可能产生的影响只能隐隐约约地分辨出来。就目前的情况而言，这种技术的各个部分进入了教育领域，在教学过程中设立起了自己的界限。机器的使用及其更全面的发展很大程度上取决于电气工程师、化学家、制造商所认为的技术可能性和经济可行性。

随着时间的推移，制造机器的人、老师、喜欢开发新型材料的学者、冥思苦想的心理学家以及在校学生所进行的一系列小型实验，都能让人们比现在更加全面地了解机器的潜力、要增减的部件、需要哪些更先进的机器和程序，以及这种非凡的新技术带来的所有影响（包括对智力、社会、建筑、教学等方面的影响）。

无论是用新的机器、新的建筑设计、新的制造系统，还是群体组织的新思想进行的实验，其条件都相对简单，而且每个情况都大同小异。每个实验的规模应足够小，还应充分脱离现有实践，以便让事物维持在稳定状态。此外，在每个利益相关的领域，都不应只有一个实验，而应有多种不同设计的实验，这样就能提供一系列合适的备选方案。在我们生活的各个方面，也应有足够的实验以证明社会在实验的风气中向前发展。例如，将实验的可能性植根于我们的思维习惯中，使其可以作为像日常开销或折旧费一样的标准项目，这样在做预算和拨款时就可以有所准备。

最重要的可能是营造并维持这种实验风气。这表明，社会成员可以直接参与影响社会形态的决策；通过提供合理变化的可能性，这种风气可以相对减少人类对尚未充分了解的变化的抵制。从一开始，这就是一个“实验性社会”。由于地理、探索、迁移、自由探究的传统、联邦政治制度的本质以及正在发展的技术的偶然性，所以在过去一直有一系列的新建议可供选择。在广泛的选择范围内，拥有自由选择的机会实际上是民主进程的本质。但是，随着技术体系的体量和规模逐渐增大，整个社会通过有意识地选择这一自然过程来自我革新的机会，在目前看来似乎有所减少，这令人颇为遗憾。一方面，决策权往往集中在寻求管理技术体系的少数人手中；另一方面，该体系本身往往朝着经济或技术可行性发展，并不会考虑其他因素和价值。实验性社会的意义在于，通过有意识地提供一系列合理选择和各类解决方案来纠正这些趋势，让整个社会决定自己想做什么以及想成为什么。这两点同等重要，值得仔细思考。

在作决策的问题上，数据信息在任何特定情况下都是必要不充分条件。如我们所说，除了依据，还需要有进一步的观念或目的，一个总体性的背景，在这种背景下，特定情况下的判断可以适用于整体并大有裨益。这个实验有什么样的宏伟设计？或者用赫胥黎的话说，你们将要用这些新东西做什么？是否有一种支配性的综合理论，能让所有的商品和服务都支持某些柏拉图式的理想、支持上帝更高荣耀的理念、支持某些帝国的计划、支持某些公认的教义（比如大致可以辨别出的进步主义或愈加重要的目的学说）？

随着时间流逝，也许会找到一些更宏伟的设计，来满足这个令人不安的新世界中所有的数据信息，所有人都能从已有的教义中找到自己的位置，但现在还不是时候。至少从短时间来看，看起来更温和的东西可能更适合现状。显然，实验性社会的其中一个目的应该是找到新机器和新体系的潜力和界限，但在事情发展到一定程度之前，实验的更大背景是找到人类应对新条件的方法。成功管理新事物的原则，不太可能在研究如何将新事物组合起来以满足逻辑学、经济学、物理定律或机械构想的要求中找到，而是在研究如何将新事物组合起来以支持某人本身的过程中找到。这个人不是政客、不是被遗忘的人、不是经济学家，也不是统计学家，而是其中每个人都是独立存在的一个群体。

关于这一群体的本质我们已经了解了很多。从一开始，诗人、神学家、哲学家、历史学家、预言家和梦想家们就一直努力地提供与人类范围相似的描述。近期，从化学到社会学，各个学科通过更系统的研究分析，一直在向知识的源泉靠拢。在未来，调查和描述的工作将一如既往地进行下去，这将很有用处。如果诗人、哲学家、学者能作为诗歌和哲学以及历史的守护者，重建对自己及所在学科的些许信心，那么这会更有用处。毕竟，这个话题中有一种宏伟的东西，不必规避所有的技巧性学术研究。毫无疑问，如果研究科学和测量方面的人不相信自己能通过谨慎的手段将这个话题理解透彻，这也有所帮助。无论如何，这一切都会有所助益。

但我们还需要进一步的强化，通过把人及其反应放在所有用新机器和新程序进行实验的控制中心，可以实现此类强化。经验表明，这常常只能通过计算和设计来完成，就像在实验中那样。例如，我们深知住在贫民窟并非好事，但是通常来说，要建造一个更好的住所更多地取决于使用砖块、砂浆和结构钢的技术水平，而不是对某种更好生活方式的精确感觉。再举个例子，我们深知，无知并非好事，因此为了减少无知而大量培养有学识的学生，一个知识渊博的学者会戴上音响设备，使用扩音器传授知识，而不会过多地去辨别什么样的知识可以传授给学生，也不会过多地考虑这种错误的教学过程会给学生造成什么样的损害。

所以，建议以人为尺度开始所有的实验：比如让一个人住进有 10 个、20 个、30 个街区的城市里，每个城市的建筑设计、社会结构、交通设施和商品加工各不相同，生活一段时间后，看看他在哪个城市生活得最好，然后再对城市进行合理改造；比如把一个人放进能容纳 30 人、500 人、1000 人的教室里，其建筑设计、授课主题、教材和教学程序各不相同，看看他在哪间教室学到的知识最多，然后再决定是否要制定一套全国统一的课程，如果需要的话，它应该是什么样的课程；再比如，把一个人放进有不同数量的机械系统中，比如运输、通信、制造等系统，看看他在哪个系统会崩溃，在哪个系统会茁壮成长。

我们已经重复讲了无数遍，所有这些实验的目的都是，更加精确地审视人类在自创的新环境下究竟如何自处，并给人类提供必要的依据去调整、限制及管理不断发展的环境，使人类可以在其中行动自如，不断开拓。